東大医学部生だけが知る超・知的生産法

岩波邦明

角川新書

はじめに

「知的生産力」と聞くと、どのようなイメージを持たれるでしょうか？

言葉の響きからいえば、「何かの作品をつくる」「独創的なアイデアを出す」といったクリエイティブな仕事に特化した話に聞こえるかもしれませんが、そうとは限らない応用範囲の広い話です。

・毎日の仕事の中で資料を作成してプレゼンを行なう
・大学入試や資格の受験を目指して勉強を続ける
・晩ごはんには何を食べようかと考えながら買い物をする……

そうした行動のすべてが知的生産の一種といえます。なぜかといえば、何かしらの目的をもって動いたならば、それがすでに知的なものになっているからです。

そういう行動のスピードとクオリティはどうなのか？

その部分に関する点数にも似たものが知的生産力だと考えていただくのがわかりやすいかもしれません。

つまり、「日々の目的をすばやくこなす能力」こそ知的生産力だといえるわけです。

だからこそ、この力を伸ばすことによって、仕事でも勉強でも家事でも、効率が上がり、いい結果を出せるようになるということです。

私は現在、「起業家、教育プロデューサー」として活動しています。

46×78といった二桁《けた》×二桁の掛け算を六時間ほどでマスターできるようにする「岩波メソッド　ゴースト暗算」を発案したことではずいぶん注目していただきました。これは小中学生から大人までが使えるものですが、そのやり方を知れば、単に暗算が得意になるだけでなく算数や計算が好きになります。

そこで問われるのは〝このメソッドを知っているかどうか〟ということです。

このゴースト暗算を知っていて、それを使いこなせるようになれば誰でも二桁×二桁の掛け算ができるようになります。

東大医学部生時代から教育プロデューサーとして活動を始めて、このゴースト暗算のほかにも、さまざまな勉強法や知的生産力を向上させるメソッドを考えて試してきました。この本ではそのなかでもとくに効果が大きかったと確信できる選《え》りすぐりのメソッドを紹介していきます。

高三の春に私は東大模試を受けましたが、その際にはE判定（合格可能性＝〇～二〇％）という結果を出されてしまいました。しかし、最終的にはセンター試験で九〇〇点満点中八八一点を取って、東大理Ⅲに現役合格できました。それができたのは単に努力したからということではなく〝工夫〟をしていたからだといえます。

二〇一二年三月には東大医学部を卒業しましたが、その卒業試験では二か月で三六科目の試験を受ける必要がありました。しかもその時期には教育関係の本を書いていたので、どれだけ時間があっても足りないほどになっていました。

そのときにとくに「いかに時間を有効に使うか？」を考え、私自身が切実にその方法論を求めていました。

こうした時期に考え、実践していたメソッドもこの本の中で紹介します。それは試験の点数をあげるためだけのものではなく、日常の知的生産力を高めるものになっています。

知的生産力の三本柱は、「持ち時間」「集中に入る力」「集中を継続する力」です。最初の要素となる「持ち時間」は、一日のうちに〝実質的に知的生産に充てられる時間〟を指します。

たとえば一日の睡眠時間を六時間とする場合、二四時間から六時間を引いた一八時間が物理的に持っている時間です。

しかし、通勤などの移動や食事など、毎日の欠かせぬ行為によって持ち時間はそこからどんどん目減りしていきます。

仮に通勤に往復二時間かかり、ほかにも細かい移動が一時間あり、三度の食事に二時間、入浴に三〇分かかるとします。さらに朝起きてボーッとしている時間が三〇分あり、一時間遊んで、一時間ダラダラしていて、そのほかに細かいところでロスする時間をまとめて一時間になるとすれば、それらはトータルで九時間になります。

そうなれば一八時間マイナス九時間で、一日の実質的な持ち時間は九時間しかないことになります。一日二四時間の四割にも満たない時間です。

そうしたリズムで一〇年間を過ごしたとすれば、知的生産には四年分の時間しか充てられないことになります。

同じ仕事や同じ勉強をしているつもりでも、どんどん差がついていくことがあるのは、持ち時間が原因となっている部分も大きいものです。

一日に九時間を生産に充てて生きている人と、一日に一五時間を充てて生きている人では差がついていくのは当然です。そのため、作業の効率を高めようとするだけでなく一日の持ち時間を増やすように考えることが重要になります。知的生産力を高めるためには最初に見直したい部分といえます。

次の要素となる「集中に入る力」とは、普段の状態から集中モードに切り替えるための力を指します。

仮に一日の持ち時間が同じだったとしても、一分で集中状態に入れる人と、二〇分かかる人をくらべれば、その差は歴然とします。すぐに集中状態をつくれる人が、より高い知的生産力を発揮できるのは道理です。

最後の要素が「集中を継続する力」です。

言葉どおりなので説明はいらないかと思いますが、ここで問われるのは、集中状態をいかに長時間持続できるかです。せっかく集中状態に入れたとしても、それが三分で終わってしまったのでは知的生産力は上がりません。一時間、二時間……、五時間、六時間……と集中状態を継続できてこそはじめて知的生産力は最大化されます。

つまり、「一日の知的生産力＝一日の持ち時間×集中に入る速度×集中を継続できる力」という方程式が成り立つわけです。

そうだとすれば、「一日の持ち時間を増やすこと」と「集中のパフォーマンスを向上させること」を両面から考えていくアプローチが重要になります。

そのためにはどうすればいいのか？

それもまた、二桁×二桁の掛け算ができるかできないか、の違いと同じです。

要するに、それをできるようにするための「メソッドを知っているかいないか」「それを実践しているかどうか」に関わってくるのです。

この本で紹介するメソッドを実践していけば、さまざまなところで変化があらわれ、あなたの知的生産力は確実に向上するはずです。

岩波邦明

第2章　「継続」できる集中力はこうして身につけられる

短時間の集中と、長時間の集中／自分の邪念を「可視化」する！／「集中の継続力」の身につけ方／「予定」が持つマイナス効果／「ゴール間近」に要注意！／「先のことを忘れる習慣」のメリット／「実現不可能ゴール」の罠／「起業のススメ」か「起業をしないススメ」か？／見つめるのは「ゴール」ではなく「一歩先」にする／その日一日を振り返るな！／毎日が「仕事始め」／見過ごしてはならない「休憩力」／集中して作業ができているときこそ休憩を取るべき／「休憩力」を養うトレーニング方法／「勉強中」「作業中」にこそ散歩する／ジョブズもアインシュタインも散歩を愛した／究極の自己管理術は「無理をしないこと」／「泣くこと」もストレス解消のメソッド／ルーズな服装のススメ／「シリコンバレーの無敵の投資家」も服装はルーズ／「だらしなさ」が生み出す高い集中／「せっかちに生み、だらしなくを維持する」

いマトリョーシカ方式／「望ましくない未来」の遠ざけ方／「プライミング効果」と、それぞれの「儀式」／「好きな曲」を使って集中するメソッド／「心の場所」の設定／環境に左右されない、安定した集中力／現実世界の知的生産に「フィクションの世界」を活かす方法／自分の「ゾーン」は、広くするのではなく狭くする／「動くエリア」の意識／人生にとっての重大な場面を乗り切るための「狩りモード」

第5章　ワンランク上のパフォーマンスを獲得するために

「楽しむ気持ち」になるための努力／「自分の成長」という楽しみ／「挑戦する気持ち」と「努力のモチベーション」／自発的なタイムアタック・チャレンジ／ハングリー精神で獲得する成功／誰にでもできる「メンタル管理術」／失敗時の「失速」をふせぐイメージ変換／「昇華」を導く、魔法の言葉／「頑張った記憶」をベースにする／「原体験」が持つ力／「やらなきゃいけない」は危険信号／「追い込み」のプラス効果とマイナス効果／「やらなきや」のタイムリミットは一秒／やる気を出す特効薬にもなるメソッド／自分を変えるための「言霊」／「名刺」を利用した意識コントロール術／「型破り」と「型無し」／「直感」は蓄積するもの／テレビを観ながらやれる「直感力トレーニング」／「情報収集力」と「情報選択力」／情報は、選ぶのではなく捨てる／「毎日の習慣」が持つ意味／脳の「クリエイティブな部屋」を拡げよう／頭を「オフライン」にすれば、創造性は高まる／脳のＣＰＵは、「欲望」によって占拠されている／「眠り」の力で、脳をクリーンアップ！／創造力とは、「脳の配分」を変えること

第1章　「集中の瞬発力」を身につける方法

●「知的生産力」を高める第一歩

「知的生産」と「脳の働き」には深い関係があります。

人間の脳がひとつのことに注意を向けて集中するとき、脳のメカニズムとして、意味のある重要な情報だけを選別して、感覚野から知覚野へ受け渡す「効率的選択」が行なわれています。

といっても、難しく考える必要はありません。

要するに、自分の周りにいろいろなことがあるなかで「ひとつの物事に注意を向ければどうなるか？」といえば……、「それに関わる部分だけ脳の働きが強くなり、それ以外の部分の働きは弱まる」ということです。

集中とは、「対象に意識を向ける」だけではなく、「他を切り捨てる」こととの両面で成り立つものです。

つまり、集中状態をすばやくつくり出すには、目標となる対象に意識を向けるだけでは不十分であり、その他のことを意識的にシャットアウトする必要があるわけです。

実際に、将棋棋士の羽生善治《はぶよしはる》さんやアップル創業者の故スティーブ・ジョブズ氏をはじめとして、各業界で大きな実績をあげた人のなかには、「集中においては、いかに他のことをうまく切り捨てられるかが重要だ」ということを説いている人が多くいます。

サイバーエージェントの藤田晋《ふじたすすむ》社長の言葉はとくに端的です。

著書『藤田晋の仕事学』のなかにはこうあります。

「集中するとはいかに一つのことにのめりこめるかというより、いかにそれ以外に気を散らさないでいられるかが問われるのです。ほかのことを切り捨てる能力の差が、すなわち集中力の差となって表れているのです」

●「ゲームは一日二時間まで」といった発想は持たない！

余計なものを切り捨てることを考える際、重要な注意点があります。

それは「制限の発想」を持ってはならない、ということです。

切り捨てを考える際、多くの人は「ネットは一日一時間までにしよう」「ゲームは一日二時間までにしよう」というように、大きな時間を割きやすい娯楽の部分から制限しようというところから始めがちです。

しかし、それはまったく効果がないばかりか、逆効果になる場合が多くなります。

「○○を制限しよう」と考えて日々を過ごすのは、「常に○○のことを考えてしまう」のと同じだからです。

つまり、頭の片隅において、あるいは無意識のうちに「○○を制限しなければ」と考え続けていることになるのです。

それでは仕事や勉強をしているときにも集中が乱されます。

また「ゲームは一日二時間までにしよう」と自分の中で設定したとしても、実際に二時間ゲームをやったあとに、そこでスパッとやめられるかといえば、難しいはずです。

そもそも、二時間に制限しようと考えるということは、欲求度はそれより高く、できることなら二時間以上やりたいわけです。

それにもかかわらず強引に途中で切ってしまい、欲求不満の状態のまま仕事や勉強を続けるのには無理があります。

私自身、いろいろ試行錯誤しましたが、その結果として、こうした時間は「制限」するのではなく「遮断」しなければならないという結論に達しました。

●「制限」から「遮断」への戦略転換

中学、高校時代からゲームや漫画、音楽、パソコンなど、あらゆる娯楽にどっぷり浸《つ》かっていた私は、一日に最低五時間はこれらの娯楽に触れていないと満足できない体質に陥っていました。

それこそ、娯楽は一日一時間以内に抑えようとしても、それを一週間以上続けることなどは絶対にできない人間だったのです。

しかし、大学受験がやってくると、勉強時間を確保するため、何がなんでもその体質を改善しなければならなくなったのです。

やはりはじめは「ゲームは一日一時間まで、漫画は一日三〇分まで」と、制限時間を設けてコントロールしようとしました。ただ、それにはまったく効果がなく、何の抑止力も持たないことを痛感しました。ゲームを一時間やったあとにもつい、「もうちょっとだけ……」と延長してしまい、自分をコントロールできなかったことで自己嫌悪に陥る悪循環になっていたのです。

娯楽を制限しようとしても、結局のところは制限時間に踊らされるだけです。

その事実に気がついてはじめて、遊びを制限しようとするのではなく、きっぱりとやめる遮断の方式を試そうと戦略転換をしたのです。

●見習うべき、川上量生の決断

娯楽などの余計なことを制限するのではなくゼロまで断つためには、具体的にはどうすればいいのでしょうか？

答えはシンプルで、「うまくコントロールしようという発想を持たないこと」です。

簡単にそれができるなら苦労はしないと思われるかもしれませんが、意外とできるものです。**依存しないように減らそうとするよりも、きっぱりやめてしまうほうがむしろ簡単なのです。**

ニコニコ動画を立ち上げ、現在はKADOKAWA・DWANGOの代表取締役会長になっている川上量生《かわかみのぶお》さんはゲーム愛好家であることでも知られています。ドワンゴを創業して間もない頃には、『Ultima Online』というオンラインゲームが、ファンのあいだで大きな注目を集め、川上さんもそれを始めたそうです。『Ultima Online』とは、多人数参加型のネットワーク・ロールプレイングゲームで、世界中に多くのファンがいるゲームです。その黎明《れいめい》期には伝説になるほどの盛り上がりぶりになっていました。

川上さんも、このゲームを存分に楽しみたかったようですが、そのときすでに経営者だったため、どうしても遊ぶ時間を制限する必要がありました。そういうときに、仕事が終わったあとに一日一～二時間だけ遊ぶ、と制限する選択肢もあったはずです。

しかし川上さんは、そうはしないであきらめることを選択しました。

こうしたオンラインゲームを一定の深さまで遊び込むには何か月、何年という時間を要する場合が多いので、そうなったら「会社が潰《つぶ》れる」と判断したからのようです。

川上さんは、三日三晩、不眠不休で遊んだあとに泣く泣くゲームをアンインストール(削除)しました。

「人生をやり直すことができるなら、起業なんてしないで『Ultima Online』をとことん遊びたかった」と振り返ることさえあるといいます。

それほどの対象であっても、あきらめて、遮断することができるのです。

そういう決断があり、実際にそれができたからこそ現在のニコニコ動画があるといえるのかもしれません。もしそのときに川上さんが「制限しながら毎日ちょっとずつやろう」と考えていたのではニコニコ動画は生まれなかった可能性もあるはずです。

●「完全シャットアウト」は難しくない

私がゲームなどを遮断しようとしたのは高校時代に大学受験を考えてのことでしたが、その際には、勉強をゲームに見立てて成績アップの戦略を立てるなど、勉強をなるべく楽しめるようにするための工夫もしました。

たとえば、大学受験を「最終ボス」だと思うようにして、「英語」「数学」「理科」などの受験科目の知識は、そのボスを倒すための「武器・アイテム」ととらえて一つひとつ集めていく（調べていく）ようにするなど、なるべくゲームっぽく考えるようにしたのです。

勉強や仕事といった知的生産をゲームに見立てる発想を持つだけでも大きな効果が生まれます。それで一週間もすると、自分の脳内に占める娯楽のウェイトがずいぶんと小

さくなっていて、「ゲームをしたい」「漫画を読みたい」といった気持ちがほとんど起こらなくなったのです。

それによって毎日、一〇時間以上の勉強時間を確保できるようになりました。

このときの経験は、それ以降、何かに集中して作業をしたいと考え、戦略を立てる際のキモの部分になっています。

現在の私は、日常的にゲームを楽しむように戻っていますが、「一週間、頑張らなければならない」といった時期を迎えれば、その一週間はゲームも漫画もピタリと断ち切り、存在そのものを忘れるようにしています。

こうした完全シャットアウトの手法のおかげで、勉強でも仕事でも、時間の使い方は劇的に改善されました。

●娯楽を「忘れる」ための唯一の方策

それでも、自分は制限でいこうと思われる人は多いはずですが、その人たちの多くが失敗するのは目に見えています。

「娯楽は一日一時間までに制限」というと聞こえはいいですが、結局のところそれは「一時間ならやってもいい」ということです。それでは、意識の中から娯楽は消えません。

一時的にでも娯楽をワキに置きたいなら、制限するのではなく遮断する。それが娯楽を〝忘れる〟ための唯一の方策です。

医療の現場でも、たとえばアルコール依存症の治療をする場合には、お酒を一日どれだけまでと制限する「節酒」よりも、完全にゼロにする「断酒」の方法が主に行なわれています。

もし、一日ビール一本まで、などと制限したとしても、毎日欠かさず一本飲み続けていれば、欲求は改善されず、依存状態を脱することができないからです。

子どもの場合に限っていえば、制限の方法も有効になります。

どうしてかといえば、親が監視役になってくれるからです。つまり、一日何時間までという考え方が効いているのではなく、「約束を守らないと、お父さんやお母さんに怒られる」ということから行動の制限ができているだけなのです。

大人になって、娯楽をカットしようとしたとき、時間を制限するやり方がうまくいかないのは、監視制ではなく自己管理にもとづくものになっているからです。

制限に他者が介入せず、守らなかった場合でもペナルティがないため、欲求をコントロールできないわけです。

●「最高のアイデア」は短時間で生まれる

好きなことのすべてを遮断してまで、結果を出したり、成功したいとは思わない。

そんなふうに考える人もいるのでしょうが、なにも一生、好きなことをあきらめなければならないわけではありません。

私にしても、長く娯楽を断っていたのは大学受験を終えるまでに過ぎず、特別な時期を除けば、いまもゲームや漫画を楽しんでいます。

川上さんにしても、タイミングが違えば、『Ultima Online』を心ゆくまで遊び込めた可能性もあったはずです。

世の中にある大ヒット作や、革新的なコンテンツを見回してみたときに気がつく意外な事実があります。

それは、「短時間でつくられたものが多い」ということです。

一般的に、アイデアというのは時間をかけるほど改善するものというイメージがあります。しかし、本当に大きなインパクトのある作品やアイデアは、非常に短い時間でつくられたものが多いのです。

漫画の神様といわれる故・手塚治虫さんは、自身の漫画のアイデアの出し方について、ドキュメンタリー番組の中で次のように話していました。

「〆切《しめきり》の前日になると、俄然《がぜん》、インスピレーションが湧いてくる。一時間の通勤中にアイデアを考えるとき、最初の五分から一〇分のうちに思いついたアイデアが、その後あれこれ悩んだアイデアよりも、結果的に良いものであることが多い」

〆切間近のプレッシャーが強くかかった状態における超短期決戦の中でこそ、多くのすぐれたアイデアが生まれてきていたということです。

時間をかければいいものができるわけではないとはよくいわれることですが、こうした言葉からも実際にそうだとわかります。

時間に甘えることなく、五分、一〇分といった短時間の中でアイデアを練り上げてしまう。そんな気概がクリエイティビティ（創造性）には重要になってきます。

●「最初の五分」に集中する習慣

音楽の世界でも似た話があります。

国民的ヒット曲ともいえる「世界に一つだけの花」は、作詞作曲をした槇原敬之《まきはらのりゆき》さんによれば、なんと一〇分でつくられたそうなのです。

当時の槇原さんは「あと三、四日で一曲書かなければならない」という極限の〆切に追われていたといいます。

そこで「夢を見たら何か曲が書けるかもしれない」と思い、とりあえず寝たところ、次の朝、突然、一気に曲のイメージが湧き出てきたといいます。そして、たったの一〇分でこの曲を書き上げたというのです。

L'Arc~en~Ciel のボーカル、hyde さんも似ているようです。

「HONEY と flower は、どちらも忙しくて時間がないなか、短時間でつくった曲だった。そういう経験があるから、時間をかければヒットする曲がつくれるわけではないことがわかった」ということを話していました。
「HONEY」と「flower」はともに L'Arc~en~Ciel の代表的なヒット曲です。
手塚さんのエピソードも含めて、これらの話に共通しているのは「〆切のプレッシャーがあるかなりの短時間の中で集中した」という点です。
歴史的な大ヒット作を生み出したのは〝一〇分単位の超タイトな集中思考〟だったともいえるのです。

それでは、より良いアイデアを出して、高いクリエイティビティを発揮するにはどのようにすればいいのでしょうか？

そのために有効なのが「五分で一時間分を集中する感覚」で取り組むことです。

たとえ一時間の持ち時間があったとしても、最初の五分で一時間分の仕事をして、残りの五五分は休んでしまう。

それくらいのつもりで、最初の五分間に集中します。

もちろん、実際に残りの五五分を休んでしまう必要はありません。これはあくまでクリエイティビティを高めるための心構えです。

ただ、そうして短い時間でアイデアを固める訓練を積んでいけば、「持ち時間」を増やすことにもつながり、結果的に疲れも少なくなります。

だからこそ、「アイデアは短時間で考える」という習慣を持つことが非常に大切になってきます。

●とてつもない生産力につながる「〆切力」

生産力を高めるうえで、「〆切」の力は強大です。

手塚治虫さんが残した名言に次のようなものがあります。

「〆切なしの作業なら思いきり楽しい仕事になるだろうが、おそらくまったく進行しないに違いない」

その漫画作品の多くを収録した『手塚治虫漫画全集』は、なんと全四〇〇巻になります。これだけ膨大な作品群は、〆切の存在があってこそ生み出されたものだともいえるわけです。

手塚さんには、トイレに行くふりをして海外に逃亡したなど、編集者泣かせのエピソードも数多くあります。それにしても、毎日が〆切になっているような過酷な生活を送っていたからこそなのでしょう。そういうなかにあって、とてつもない生産力を発揮し続けていたわけなのです。

ディズニー創業者の故ウォルト・ディズニー氏もこう言っています。

「誰にでも〆切が必要。〆切がないと、気持ちがゆるんでしまう」

この言葉では「誰にでも」という部分が重要な意味を持っています。

漫画家やアニメーターといった特殊な職業に限らず、どんな仕事をしていても、生産性を高めるための最強のツールが〆切なのだということです。受験勉強でも、もちろん同じです。

手塚さんやディズニー氏のようにきわめて高い生産力を持つ人たちの共通点としては、「〆切が迫っている時間が非常に多い」ことが挙げられます。

だとすれば、その原理を応用すればいいのです。

つまり、「毎日が〆切」という状態を人為的につくり出せたなら、手塚治虫さんのような神がかり的な生産力を発揮することも夢ではなくなるということです。

そのための方法を知れば、だらけることなく、毎日を全力疾走で駆け抜けられるようになるのです。

●〆切という「パフォーマンス向上装置」

「仕事の資料の提出期限まであと二時間！」
「期末テストまであと一日！」
〆切が迫っている環境は、多かれ少なかれ人に焦る気持ちを与えますが、それと同時に努力するモチベーションを生み出し、仕事の能率や学習効果を高めてくれます。

実はこれは、脳科学的にも理由のあることなのです。

脳の中で、記憶をつかさどる「海馬」という部位は、情動をつかさどる「扁桃体《へんとう》」という部位の働きに影響を受けます。

感動した出来事をよく覚えていたり、「面白いぞ！」と楽しい感情で勉強できる科目は覚えがよいといったことは、これに由来します。

この逆も然《しか》りで、テストや仕事の〆切が近くなると、「ヤバい！」「まずい！」という危機感が強くなります。

その感情があるために普段では出せないようなパフォーマンスを発揮でき、勉強や仕事のペースを上げることができるのです。

火事場のバカ力にも似ています。

火事場のバカ力にしても、ただの比喩《ひゆ》ではなく、いざという場面がくれば、普段は使えていない潜在能力を発揮できるということです。

こうした原理をうまく利用すれば、〆切を〝一種のパフォーマンス向上装置〟にすることができます。

無理をしすぎるのはよくありませんが、〝適度な〆切〟を抱えている状態を常に保っておくようにしていれば、やる気と集中力を大きく高められるのです。

私自身、生産性を高めるための環境づくりをどうすればいいかと試行錯誤しているなかで〆切の状態を人為的につくり出すのが最も高い効果を発揮することを知りました。

そのため、間近に〆切が迫っていなくても、いろいろな工夫によって〆切状態をつくるメソッドをいくつか生み出し、それを実行しています。

●心理的〆切と物理的〆切

〆切には二つの種類があることをまず知っておいてください。

ひとつは「心理的〆切」で、二つめが「物理的〆切」です。

心理的〆切とは、自分の頭の中だけで「いつまでに終わらせよう」と思っている気持ちのうえだけのものです。それに対して物理的〆切は、納品日あるいは受験日などが実際に設定されているものです。

この両者の違いは、「他人」がいるかいないかです。

心理的〆切では、設定した〆切を知っているのは自分だけなのに対して、物理的〆切では、誰か他の人が関わっていて〆切を待っています。

そうした状況を考えても、有効なのは物理的〆切のほうになります。

自分の中だけの心理的〆切には、まったく効果がありません。

自発的に〆切をつくる際にも、他人の存在が必要になるということです。

自分の頭の中だけにある〆切を破ったとしても、実害はないので、作業を頑張るための原動力にしかなりません。もちろん、意志の力が強ければ、それを守って最後まで作業をやり通せるわけですが、そもそもそういう人は、〆切がなかったとしてもちゃんとやれるタイプです。

〆切を必要とするのは、〆切がなければだらけてしまう人だからともいえます。だからこそ、自分の中だけでなく他人を介入させることに意味があるのです。

●〆切には二種類ある

大学受験期の私は一時期、〝心理的〆切の罠《わな》〟にはまってしまっていたといえます。〆切が心理的なものと物理的なものとに分けられることに思い至らず、意味のない心理的〆切設定ばかりを長く続けていたのです。

その頃から、自分の集中力と持続力を最大化させたいという思いはあったので、「よし、今日は○○時までに三○ページ終わらせるぞ」と〆切設定をして、意気込んで勉強をしていました。

自分を追い込みたかったので、多くの場合、かなりムチャな設定になっていました。

それで意気込みばかりが空回りしてしまい、設定した〆切を守れることはほとんどなかったのです。

ただしその頃、小テストや宿題の提出期限が迫ってきたようなときだけは、ムチャな設定をしていても、なんとかデッドラインを守れていることにも気がつきました。そのため、「どうしてそうした違いが出るのか？」とずっと考えていたのです。それによってようやく〆切には二種類あり、他人が絡むか、差し迫った状況を前にした物理的〆切でなければ効果が薄いのだという結論に至りました。

●物理的〆切の設定メソッド

この気づきを得たあと、それまで心理的〆切になっていた部分を「物理的〆切」に変えるために次のような取り組みを始めました。

①毎日、家の壁に「夜一〇時までに○ページ終わらせる！」などと書いた張り紙を出しておく。

②家族や友達に対して「○日までに参考書のこの範囲を終わらせる」などといった予定

を話しておくようにする。

というものです。

これがたいへん効きました。

他の人が〆切を知っているという状況ができたことによって、「もし〆切までに終わらなければ恥をかく」という気持ちが生まれ、なんとしてでも〆切までにノルマを達成しなければいけないという高い集中力を維持できたのです。

①の場合、できるだけ家族の目にとまりやすいところに張り紙をしました。

②のようなことを高らかに宣言するのは難しい部分もありますが、「○日までに終わらせようと思ってるんだ」と、ぼそっと呟《つぶや》いておくだけでも効果を発揮します。

〆切を誰かが知っている、という状況があるだけでもまるで違うということは、一度、実践してみればすぐにわかるはずです。

●長いスパンではなく短いスパンが有効

私の場合、①よりも②で、より大きな緊張感を持つことができました。

友達からは必ず「予定どおり終わったの？」と聞かれるはずだと思われたので、それがそのまま危機感とやる気につながったのです。

心理的〆切を物理的〆切に変えた途端に集中力とパフォーマンスが格段に伸びたのは間違いないことです。その経験があるため、いまでも仕事に集中したいときには物理的〆切がある状況をあえてつくり出すようにしています。

具体的にいえば、〆切を書いた張り紙を人の目にとまりやすいところに出しておく方法をよく実践しています。

①にしても②にしても、自分で提示する〆切は「今年中に○○する」といった長いスパンのものではなく、「今週中に○○する」などといった短いスパンのものにしたほうが有効です。とくに直接、誰かに宣言する②の場合は「今日は○○しようと思ってるんだ」というように、「日」単位の話にすれば、自然に口にしやすくなるうえ、相手が忘れるはずがないという感覚になるので、より効果が大きくなります。

絶対に達成できないレベルのことではなく、適度に負荷がかかるくらいの〆切を設定して、周りに宣言してもらう。その効果は非常に大きいものです。

もし、わざとらしく「宣言」するのがためらわれる場合は、その日最初に会った人に、さらっと「今日は〇〇をやる日で大変なんだ」などと話すようにしてみてください。それだけでもモチベーションが全然違ってきます。

●物理的タイムリミット設定術

物理的〆切のつくり方としては、人に宣言する方法以外に、「もの」を使って擬似的な〆切状態を生み出すメソッドもあります。

そのひとつがパソコンを活用した「充電〆切」です。

これは、資料の整理やスライド作成などといったパソコンがなければできない仕事のときに有効です。

このやり方は、クリエイティブな仕事をしているときに集中度を上げるにはどうすればいいだろうか、と考えていたことから生み出せました。

その当時は、資料作成、企画書作成、原稿作成など、パソコンでの作業が多く、その効率を高めるための試行錯誤を繰り返していました。そこでやはり〆切を利用できないかと考えたのです。

張り紙を出したり周りに宣言するのも有効ですが、張り紙を見てくれる相手や話を聞いてくれる相手がいない状況もあります。そんなときでも使える方法はないかとさんざん思案して、たどり着いたのがこの方法です。

ポイントは、パソコンのバッテリーを活用することです。

バッテリーには、常に「タイムリミット」がついて回ります。

バッテリーが残り一時間分になっていて、しばらく充電できるような環境になければ、その一時間のうちにやらなければならないことのすべてを終わらせる必要があります。

そんな危機的状況を利用して、擬似的な〆切状態をつくり出せるのではないかと考えたわけです。

この手法は大当たりでした。

パソコンのバッテリーが、物理的〆切として機能したことで、クリエイティブな集中力を大きく高めることができたのです。いまでも、「短期決戦で集中したい！」というようなときには、このメソッドを実践しています。

●「充電〆切術」の効果を高める方法

充電〆切術の具体的なやり方は単純なものです。

ノートパソコンで「一時間分」「三時間分」といった一定量だけを充電して、コンセントは持たずに近くの喫茶店や図書館などに行って作業する。その際、バッテリーの充電量は、やろうと思っている仕事量から計算して、それに合わせておく――というものです。

仕事量から作業時間を算出するときにはもちろん、集中して作業することを前提にします。余裕をもって作業できる時間を設定しても意味がありません。

ギリギリの時間を設定することによって、集中して作業をしなければならない状況をつくれるわけです。

この方法では、実際に〆切が設定されているときよりも言い訳がきかない状況になるので、かなりの効果を得られます。

喫茶店などへの行き帰りに使う時間までも取り返したいという気持ちが働けば、スピードはさらに増します。

近すぎる場所を選ばないのもコツです。

簡単に行って帰れる距離だと、「いざとなったら、いつでも戻って充電できる」という甘えが生まれてしまいます。

そうならないように、必ず終わらせるという覚悟を決められる場所と充電量を設定するのがいいわけです。

このやり方は、休日に作業をしたり勉強をしたりする場合などにとくに有効です。

パソコンを使うやり方に限らず「一定時間しか作業ができない」という、あとがない状況をつくり出せたなら、集中度は飛躍的に高まります。

●「集中の瞬発力」と「ゴールデンタイム」

集中にも「瞬発力」があります。

いかに持続して集中できるかも大切ですが、それだけではなく、いかに早く集中力を高められるかも問われるわけです。

瞬発的な集中力は、「筋力」にも似ています。

トレーニングで鍛えることができるし、一定の負荷をかけていかないと、なかなか伸びていかないものです。

どういうときに集中の瞬発力を伸ばすのがいいかといえば、時間のないときです。時間のあるときのほうが、ゆっくりトレーニングできるのではないかとも思えますが、これは逆です。人間というものは、時間があるときはどうしても「まだいいや」という気持ちになり、限られた時間で最大の集中力を発揮しようという状態になりにくいものだからです。

気持ちが弛緩《しかん》してしまっているときは、瞬発力を高めるためのトレーニングには適さないということです。

以前に私は「パフォーマンス帳」ともいえるものをつけていたことがありました。どういうときに最も高い生産性が発揮できるのかを知りたかったため、一定期間、毎時間あたりの生産量（仕事が進んだ量）を、ノートに記入してデータとして記録していたことがあったのです。

それによって、最も仕事がはかどり早く進んだのは、何かの予定の前や短い空き時間など〝限られた時間〟に仕事を行なったときだということがわかりました。

それまでは、そのような傾向をまったく意識していませんでした。しかし、それならばと思い、複数のスキマ時間に仕事を行なう日をつくってみると、その日の生産性は、普段の日よりも大きく上がっているのが確認できたのです。

この検証結果をきっかけに、時間の限られたときを「集中のゴールデンタイム」として、積極的にアイデア出しや資料作成などの作業を行なうようになったのです。

時間の使い方に関するメソッドでは、自分で試してみても、うまくいかないものも多かったのですが、「限られた時間にこそ積極的に仕事をするべき」という考え方から生まれたメソッドはすべて高い効果を発揮しています。

●「集中の筋トレ」にチャレンジ！

ビートたけしさんが、スキージャンプ界の〝レジェンド〟葛西紀明《かさいのりあき》選手に向けて、次のように話していたことがありました。

「どれだけベテランになっても、常に〝あがっている〟状態がいい。慣れきってしまう

と、惰性になって瞬発力が失われてしまう」

自分をラクにさせる慣れきった環境ではなく、一種、窮屈で、自分に負荷がかかるような環境に身を置いておくことが、自分を成長させ続けるコツだというメッセージなのだとも受け取れます。

知的生産の基礎力ともなる「集中の瞬発力」は、限られた時間や環境の中でこそ鍛えられるものなのです。

それでは、日常の中でうまく時間のないタイミングを見つけて、その時間を集中の瞬発力アップの訓練に活《い》かすためにはどうすればいいでしょうか？

そのための方法のひとつは、「予定が入っている一時間前から、あえて二時間分の仕事にチャレンジする」ことです。

来客や打ち合わせなどの予定があり、あと一時間しかないというような状況になったときこそ、集中のチャンスです。そういう場合には、自分の持ち時間に、明確な区切りができます。

そのため、「まだ時間があるから」という意識から生まれる〝集中筋力の弛緩〟が起こりにくいので、適切な負荷をかけて鍛えることができるのです。

いわば「集中の筋トレ」です。

そうであるからこそあえてオーバーワーク気味にして、「一時間で二時間分の作業」にチャレンジすることが効果的になるのです。

アイデアを考える際には最初の五分に集中するのがいいわけですが、それとは少しニュアンスが異なります。何かの作業を行なうのであれば、集中の瞬発力はこれくらいのスパンは持続できるものです。

仕事でも勉強でも普段の一・五倍から二倍くらいの分量を設定するのがいいでしょう。そうしたチャレンジによって、集中の瞬発力が訓練されて、日ごろの作業すべての能率を高めていけます。

●生産性を高める「集中の瞬発力」

こうした集中の筋トレが本当の筋トレと違うところは、トレーニングに適したタイミングが限られるということです。

普通であれば、時間のないときには余裕を失い、ただ時間に追われるだけになりがちです。しかし、集中筋力を鍛えたい場合は、そういうときこそがチャンスなのです。逆にいえば、一般の筋トレとは違い、とくべつ変わったことのない、時間のある状況はトレーニングに向かないわけです。

集中の瞬発力は、生産性を高めるうえできわめて重要な能力です。

なぜかといえば、最終的に求められる長時間の集中にしても、結局のところは〝短時間の集中の積み重ね〟だからです。

「一〇時間の集中」も細かく区切れば、「一時間の集中×一〇回」です。さらに細かく区切れば「一分の集中×六〇〇回」となるわけです。

そうであれば、一分の集中のクオリティを上げなければ、その集合体である一〇時間の集中の能率は上がらないことになるのは当然です。

短時間の効果しかないような集中の瞬発力も、長期間の生産性を高めるために非常に大切なものになってくるのはそのためです。だからこそ、いつでもすぐに集中状態に入れる力を養っておくことがきわめて重要になります。

時間的に余裕のないときをチャンスとして、本当にやるべき作業を行なうことがそのままトレーニングになります。また、それ以外にも、日常的なスキマ時間といえる一分間で実際にトレーニングを行なう方法もあります。

短時間の集中力を高めるためのトレーニングなので、長時間かけて行なう意味はなく、一分で行なえるようなトレーニングのほうがかえって有効になるのです。

●簡単に実践できる「一分間の集中トレーニング」

私は「一分間の集中トレーニング」をいくつか考案し、仕事や勉強を始める前に行なうようにしており、集中に入りやすくなる効果を実感しています。

そのなかでもとくに集中効果の高かったオススメのトレーニングをご紹介します。

▼集中の瞬発力をつける一分間トレーニング①「あいうえおトレーニング」

五十音の「あいうえお　かきくけこ……わをん」を、なるべく速く頭の中で音読することを二周繰り返します。

制限時間は一分、目標タイムは二〇秒です。

慣れてきたら、どんどんタイムを縮めることにチャレンジしてみてください。「次は何行だっけ」というのが意外に難しく、高いレベルで集中の瞬発力を要求されるトレーニングです。

▼集中の瞬発力をつける一分間トレーニング②「逆あいうえおトレーニング」

①の「あいうえおトレーニング」に慣れてきたら、今度は「んをわ　ろれるりら……おえういあ」と逆から読んでいく「逆あいうえおトレーニング」に挑戦しましょう。こちらは①とはケタ違いに難しいので、一分で一周を目標にするのがよいかと思います。

これらを活用して、日常のちょっとしたスキマ時間で、集中の瞬発力をメンテナンスしましょう。こういった部分を改善したならば、仕事や勉強の効率は驚くほど変わってくるはずです。

第2章　「継続」できる集中力はこうして身につけられる

●短時間の集中と、長時間の集中

短時間の集中と長時間の集中は、まったくの別物です。

五分であれば集中できても、何時間もずっと集中し続けることは難しいものです。

しかし実際には、何時間でも集中状態を続けることで大成功をおさめた人たちがいます。そういう人たちは、どのようにして集中を保っているのでしょうか?

結論からいうと、長時間の集中力を上げるために、まず目を向けるべきなのは「邪念」です。前章では大きな時間を割きやすい娯楽などは制限するのではなく、遮断することが大切だということを解説しました。しかし、実際に何かを行なわなくとも、別の何かを考えるだけでも、集中のさまたげになるのです。とくに長時間、集中しようとしていると、時間が経つうちに、つい他のことを考えてしまいがちになります。

そこをどうするかが、長時間、集中できるかの分かれ目となります。

将棋棋士の羽生善治さんも、著書『決断力』の中でこう書いています。

「深く集中している状態では、雑念や邪念が一切消え去り、深い、森閑とした世界に身を置いた感覚である」

この言葉からもわかるように、いかにひとつのことにのめり込むかを考えるよりも、気を散らさないようにするほうが先になります。

集中の正体は〝それ以外のことを排除した残りの状態〟です。

仕事や勉強に集中しようとするときに、つい部屋の掃除を始めてしまったり、他のことを考えてしまったりするなど、よそ見してしまう。そのために能率が上がらない、といった失敗は誰もが経験することです。そのように、つい他のことを考えてしまう元になるのが「邪念」であり、集中を阻害する最大の要因です。

邪念を放置している限り、集中力は絶対に上がっていきません。

長時間の集中を維持するためには、もっと集中することに目を向けるのではなく、まず邪念をなくすことに目を向けるべきなのです。

それでは、どうすれば作業中に湧き起こる邪念に対処して、集中を続けることができるのでしょうか？

そもそも、作業中に邪念が起こるのは、脳の機能から見ても自然なことです。

集中を阻害する要因は「自分に関係のある情報」にあるといわれます。

明日の予定についてなど、気がかりなことがあると、脳はどうしても自動的に反応してしまうのです。

邪念を「消す」ことは無理だといえます。消すのではなく、「別の何かで相殺する」ことが大切です。

作業中に集中を乱す邪念が湧いてきたとしても、その時々に相殺して、すぐ作業に戻ることができれば、結果的に長時間、ひとつのことに集中し続けられる状態をつくることができるのです。

●自分の邪念を「可視化」する！

仕事や勉強中に邪念が湧いてきたとき、それを相殺できるようにするメソッドがあります。それは、「邪念記録リスト」というものをつくっておいて、邪念が起こるたびに記録していく方法です。

まず紙とペンを用意します。私の場合はその紙に「邪念記録リスト」とタイトルを書くようにしています。そして、仕事や勉強をするときにその紙を机に置いておきます。

何かの作業を始めたら、その時間をまず記録します。そして、目の前の作業以外の邪念が湧いたり、余計なことをしてしまったら、必ずそれをそのまま紙に書き留めます。

恥ずかしくて書きたくない気持ちになりますが、必ず「……してしまった」という語尾にして、すべてを書いていきます。深く考えていては実行できません。作業中に邪念が湧いたら機械的にメモしていくようにしてください。

例を挙げれば、こんな感じです。

8：30　作業開始
8：48　ネットのニュースを見てしまった
8：57　昨日のテレビ番組のことを考えてしまった
9：14　漫画雑誌の来週号のことを考えてしまった

こうしてメモをしておくことで、自分の邪念が「可視化」され、いかに自分が集中を欠いてあちらこちらへ寄り道していたかが目に見えてわかります。

それが自分にとっての一種の「集中の診断表」となるので、現状をしっかり把握できるようになるのです。それによって、たとえ邪念が湧いてきてもすぐに相殺する体質になっていけます。

●「集中の継続力」の身につけ方

この邪念記録リストは、作業中に邪念が湧くことが多く、どうしても長時間の集中を続けられなかった自分を改善したかったことから考えついたメソッドでした。

小学校、中学校時代はもちろん、高校二年生頃までの私は継続して集中することがまったくできない性格だったのです。

一〇分、三〇分といった短時間なら集中して勉強できても、長い時間、集中して勉強を続けることはまったくできませんでした。その最大の理由は、とにかく作業中にゲームやら遊びやら、さまざまな邪念が湧いてきて、そのたびに中断してしまうからです。

しかし、高三になり大学受験を迎えて、そんな自分を変えなければならない状況に追い込まれました。試験までにやらなければならない勉強量を考えれば、一日に最低でも七~八時間の勉強をしなければ間に合わなくなっていたのです。そのため、何がなんでも「集中の継続力」を身につける必要があったのです。

しかし、そういう状況であるのはわかっていても、机に向かって一~二時間もすると集中が途切れることは変わらなかったので、本当に焦りました。

勉強をしていても、必ずどこかの段階で「休みたい」「〇〇をして遊びたい」といった邪念が入ってきて、手が止まってしまっていたのです。

集中を継続させるためには、自分の邪念を止めることが絶対条件でした。

そんななかで、勉強中の邪念コントロールをできるようにしてくれたのが、この邪念を記録していく方法だったのです。

何か他のことを考えてしまうたびに、愚直なまでに一つひとつ「~を考えてしまった」と紙に書いていくようにしていれば、それがある程度、たまってきたとき「罪悪感」が生まれてきます。それによって「ちゃんとやらなきゃ」という気持ちを自分の中

にセットしやすくなるのです。

とくに「ゲームのことを考えてしまった」が連続して五つも並んだときには、自分のいたらなさが目に見えて実感でき、さすがに「ちゃんとやろう」と反省の意を強くしました。

これを続けているうちに、邪念が出てきても勉強が中断される回数が減り、勉強の継続時間を大きく延ばすことができたのです。

いまでも私は、仕事の能率が思うように上がらないときには、邪念記録リストによるメモを再開します。それによって、一度は落ちかけていた集中の継続力を再び取り戻すことができるのです。

どんなことでもそうですが、頭の中で漠然と感じているだけではなく、「可視化」をすることで変化が起こります。

単に自分には集中力が足りないと思っていてもなかなか直せませんが、作業を中断している理由をつきつけられたなら違ってきます。

邪念記録リストをつける際、必ず「……してしまった」という語尾で締め括《くく》るようにするべきなのは、それによって罪悪感が生まれやすくするためです。そこで喚起される罪悪感が、邪念を打ち払う体質をつくってくれるのです。

短時間における集中の瞬発力は重要ですが、せっかく集中力を持っていても、それを長時間、続けられなければ意味がありません。

邪念記録リストをつけるようにしたなら、その効果の大きさに驚くはずです。

一時間、二時間、数時間と、他のことに手を出したりせず集中を続けるための持久力がはっきりと鍛えられていきます。

●「予定」が持つマイナス効果

集中を続けるためには、時として予定が〝敵〟になる場合もあります。

成果をあげるために重要な前提になるのは「予定を忘れる」ことです。

一般的に、仕事や勉強というものは、ある程度のスパンで予定を立てておき、その予定どおりに進めていくのがいいように言われる場合が多いものです。

しかし、それに縛られすぎていてはマイナスです。

実際に作業をしているときには、何日も先の予定を考えるのではなく、考えないようにしなければなりません。

この作業が終わったら次は何の仕事に取りかかるだとか、そうしたことはいっさい考えず、常に今現在だけを考えて無心で作業をしていくことが重要です。

なぜかといえば、先の予定を考えながら仕事や勉強をしていると、無意識のうちにも「その予定どおりに進めていかなければいけない」と、自分に制約を課しながら作業していることになるからです。

これは自分にとっての負担になります。

順調に進んでいても「まだ先がある」という気持ちになってしまうので、モチベーションの低下を招きます。

●「ゴール間近」に要注意!

予定が敵になりかねないもうひとつの理由は、人間には、ゴールが間近になるとパフォーマンスを低下させてしまう傾向があることです。

これは、脳の中の「自己報酬神経群」という部位が関連しているといわれています。

もうすぐ目の前にゴールがあると思うと、それだけで自分の脳に「ごほうび効果」が生まれて、それで満足してしまって力が落ちるというものです。

アスリートが競技に挑んでいるときもそうですが、仕事や勉強でもそれに似た現象が起こります。先の予定を意識しすぎている場合にはそれがプレッシャーになることがあるのとは逆です。予定をクリアできそうなのが感じられると、そこで安心して集中が途切れてしまいます。

書類などをまとめていても、最後の最後の部分で雑になってミスが出る、といったことは珍しくないはずです。

水泳の北島康介《きたじまこうすけ》選手が、二〇〇八年の北京オリンピックで一〇〇メートル平泳ぎの世界記録を更新したときには、人間が持つこの性質をカバーするための戦略が用いられていました。

ゴール前の最後の一〇メートルでスピードが落ちてしまうのを防ぐため、平井《ひらい》伯昌《のりまさ》コーチは、「タッチした瞬間をゴールと思わず、その後に振り返って電光掲示板を見た瞬間をゴールと考える」ようにさせる戦略を採ったというのです。

そうすれば、最後の一〇メートルになっても、ゴールは間近だという無意識の思考が働きにくくなり、パフォーマンスの低下を防ぐことができます。

この作戦は大成功し、北島選手は見事、世界記録を塗り替えました。

こうした例からもわかるように、日常の仕事や勉強の中で「予定」や「ゴール」を考えながら作業をしていくと、モチベーションを落としてしまったり発揮できる力を下げてしまったりすることがあるわけです。

誤解しないでいただきたいところですが、予定やプランを立てるなということではありません。その日やるべきことは理解しておいても、作業をするときには「その先の予定を考えてはいけない」という意味です。

●「先のことを忘れる習慣」のメリット

予定を考えすぎないほうがいいということに関しては、もう少し大きなスパンで見ても同じようにいえます。

たとえばB'zの二五周年を記念したインタビューで、「一〇年後、二〇年後、二五年後の予定はありますか?」と聞かれたときにギタリストの松本孝弘《まつもとたかひろ》さんは次のように答えていました。

「一〇年後、二〇年後という先のことは考えていない。いままさにやらなければならないことがあり、それをそのときそのときでこなし続けていくだけだ」

ボーカルの稲葉《いなば》浩志《こうし》さんも同様に、「目の前に現われたチャンスを、そのときそのとき摑《つか》み取って、かたちにしていくことでここまできた」と話していました。

これがまさに「先の予定を考えない」というあり方です。

予定を目標と言い換えても同じです。

「これが終わったら、次に何をしよう」と先を考えるのではなく、いまやるべきことだけに集中を続けることで、B'zというバンドは伝説的な結果を残してきたといえます。

ジャンルはまったく異なりますが、元ライブドア社長の堀江《ほりえ》貴文《たかふみ》さんも、ある年の正月に「一年の抱負は?」と聞かれて、「一年の抱負なんてなくて、そのときそのときにやるべきことをやっていくだけ」と、同じような言い方をしていました。

驚異的な集中力を発揮して、大きな結果を残せる人たちは、先の予定を考えないことの威力を知っているわけです。

先の予定を考えないようにするのがいいなら、そのためには具体的にどうすればいいのでしょうか？

日々の作業の中で先を考えないようにするためのコツはあります。それは、「いまやっている対象以外の何かが頭に浮かんだら、いったん手を止めて忘れる」ことです。

作業を長時間続けていると、ふと「このあと、○○をしなきゃいけないんだよな」と考えてしまいがちです。

そうして先のことを考えている自分に気づいたら、それが消えるまで作業を中断します。この心がけをもって先のことは忘れる習慣をつけるだけで、長時間、集中するための力は格段に高まります。

●「実現不可能ゴール」の罠

「成功の第一歩は、ゴールをイメージしてそこから逆算することだ。カラー映像にできるくらいゴールが鮮明にイメージできていたなら、必ずそこへたどり着ける」

こうした論調の「ゴール逆算型思考法」を耳にしたことがある人は多いはずです。

それを否定するつもりはありませんが、こうした考え方にも落とし穴があります。

先の予定（目標）は考えないほうがいいのとはまた別の意味での注意です。

ゴールとして実現の可能性が○％の地点を想定してしまっている場合も考えられるので、そうであれば努力した時間がムダになりかねない、ということです。

高い目標を掲げる必要性を説く場合には、ゴール逆算型思考法が勧められる場合が多いので、なおさらそうなりがちです。

目標を高くするのはもちろんいいことです。

たとえば、ソフトバンクの孫正義《そんまさよし》さんやジャパネットたかたの高田明《たかたあきら》・元社長の「宣言」がありますが、それと混同すべきではありません。それぞれの目標を達成する自信があったうえで、それを絶対にやり遂げるという〝覚悟を宣言〟することに意味があったわけです。

むやみな目標設定をしていたわけではないのです。

しかし、目標設定が計算されたものでなかった場合はどうでしょうか？　ゴールにたどり着くための材料が揃っていない状態でゴールを目指しても、時間や労力、あるいはそこにかかる費用などがムダになる場合も増えてしまいます。

“実現不可能ゴールの罠《わな》”にはまってしまうと、何か月、何年という時間をムダに過ごしてしまうことにもなりがちです。

このケースが厄介なのは、一見して、それが実現可能か不可能かわからない点にあります。

たとえば、「会社をつくって、世界ナンバーワンの電機メーカーにする」というゴールは、実現可能かもしれないし、不可能かもしれません。わからないからこそ、たとえ実際は実現不可能だとしても、そこに向かって膨大な時間と労力を費やしていくことがあるわけです。

もちろん、そうしたチャレンジがムダだと言いたいわけではありません。さまざまなチャレンジのなかでも、実質的な成功確率が○％になるようなゴールを追い求めてしまうのは危険だということです。

「ゴール逆算型が向く人」と「向かない人」がいて、ゴール逆算型の考え方は万能ではないという言い方もできます。

ゴールをどこに設定して、そのために何をすればいいか。

その判断が問われ、そこを誤れば、とてつもなく大きなロスを重ねていくだけにもなってしまいかねないわけです。

●「起業のススメ」か「起業をしないススメ」か?

ニコニコ動画をつくった川上量生さんは以前、ツイッターで次のようなことを書いていました。

「僕は起業を人に勧めない。成功の可能性が実質〇%である場合がほとんどだからだ」

ツイッター上では、起業はどんどんすべきだという堀江貴文さんと論戦が繰り広げられていましたが、このツイートを見たときハッとしました。

それはまさに実現不可能ゴールをむやみに追い求めることの危険が集約されたような話になっていたからです。

起業して成功できるかどうかには不確定要素が多く、実現可能か実現不可能かは見えにくい。だからこそ、実際は実現不可能なゴールであっても、できるかもしれないと思って膨大な時間と労力を割いてしまいやすい、ともいえそうです。

川上さんのツイートは、「アップルもマイクロソフトも、はじめから特別な会社だった」と続いていました。

起業を成功させるというのが端的な例ですが、高いところにゴールを設定し、そこにたどり着ける人物や組織は、はじめからそのための何かを持っているものだということでしょう。必要となる武器や材料を持たずゴールばかり高く設定していても仕方がないわけです。

そうしたことを考えず、がむしゃらに走り続けていればいつかはたどり着けるはずだと思い込み、ひたすら走るだけになっている人は意外と多いのではないでしょうか。

もちろん、最初の段階で武器や材料を持っていなかったとしても、途中でそうしたものを身につけられたなら成功確率は〇%ではなくなります。それでも、目標を高くしたいばかりにゴールを高く設定するのは生産的ではありません。まずは、「自分がいま、何を持っていて、何を持っていないか」をよく省みるべきだということです。

●見つめるのは「ゴール」ではなく「一歩先」にする

ゴールを意識しすぎないようにするための具体的な方法もあります。

とくに「ゴール逆算型が向かない」と自分で気づきはじめているような人には試してみてほしいメソッドです。

それは、ゴールをイメージするのではなく、現在地（スタート地点）の「一歩先」を考えていくようにすることです。

自分の目標を達成するには、日々、どれくらい作業をすればよいのかと試算をしてみることも重要です。しかし、毎日の作業というのは、だいたいの目安がわかればいいのであり、細かく割り出すよりは、日々最善を尽くして頑張るしかないものです。

ゴールの達成やそこから試算される割り当てにこだわりすぎていると、思ったように進んでいかないときが必ず訪れます。そこでやる気がなくなり、作業効率が下がっていくのは避けなければなりません。

そうならないようにするためにも、自分の現状をしっかり把握することに努めて、その一歩先にある成長を摑むポイントがどこになるかを探すのです。

繰り返しになりますが、ゴール逆算型の思考法そのものが無意味ということではありません。

状況や可能性をよく見極めないまま邁進《まいしん》するリスクをよく理解しておき、自分のいる現在地を慎重に分析する姿勢が重要だということです。

●その日一日を振り返るな！

作業中に予定を意識しないようにすることと同じくらい生産性を上げるうえで重要なポイントがあります。

一日の終わりに「その日を振り返らない」ようにすることです。

うまくいった日もうまくいかなかった日もそうです。

一日の終わりや次の日の朝などにその日や前日を振り返ってもメリットはそれほどないものです。なぜなら、うまくいった日には慢心してしまい、うまくいかなかった日に

はやる気を失ってしまうからです。

何かを始めようと思い立ったときに、最初の日はロケットスタートを切れても、二日目、三日目……と時間が経つにつれて、次第にやる気が薄れていった経験は誰にでもあるはずです。

そういう現象にしても、「それまで」を振り返っているためにモチベーションを下げていることが、それを引き起こす大きな要因のひとつになっています。

一日目はフレッシュな気持ちで本来の集中力を発揮して頑張れても、それまでの自分を振り返りながら日数を重ねていくと、本来の集中力を発揮できなくなります。

もちろん、うまくいった日に「自分は成長できた。明日からも頑張ろう」とポジティブな発想を持てればいいのですが、なかなか次の日のモチベーションにつながらない人も多いのではないかと思われます。

だからこそ、振り返らないことが有効になるのです。

とです。

●毎日が「仕事始め」

成功体験を振り返ってはいけないというのは、多くのエグゼクティブも話していることです。

たとえばユニクロを運営するファーストリテイリングの会長兼社長の柳井正《やないただし》さんも『成功は一日で捨て去れ』という本を出版されています。タイトルどおり、成功の反復に意味はなく、成功に慢心していては、ベンチャースピリッツが失われてしまうということが説かれているわけです。

無意識の振り返りを避けるためのコツもあります。

どの日の朝も「仕事始めの日」だと思うようにすることです。

朝の始まりに前日を振り返って何かを考えると、フレッシュな気持ちになれません。

朝、目が覚めたら、今日が一年の仕事始めの日だと思い、「幸先《さいさき》のいいスタートを切ろう」というフレッシュな気持ちで臨むようにするのです。

もし一月四日が一年の仕事始めであるなら、毎朝、「さあ、一月四日だ」と思うようにして、ロケットスタートを切ろうという意識を強くします。

どんなことでも最初の一日はフレッシュな気持ちで始められ、本来の集中力を発揮しやすいものです。

毎日をその感覚で臨むつもりでいれば、振り返りはしなくなり、その時点で上を目指すための高い集中力を維持できるようになるものです。

●見過ごしてはならない「休憩力」

先を考えすぎず、立ち止まらないことが集中の持続につながります。

その一方、気持ちが切れてしまうことをなくし、生産力を向上させていくために欠かせないのが「休憩」の効果的な利用です。

休憩については深く考えられることはあまりなく、タイミングなども含めて好きなように取ればいいというくらいに見られがちです。しかし、そうした軽視が集中の継続力を奪ってしまうのです。

「休憩」とは技術であり、うまい休憩の取り方ができるようになるほど、高い生産力を得ることができます。

たとえば、一日中休まず、朝から晩まで一〇時間、仕事をしたとします。この場合、「仕事をやった」という満足感は得られますが、ずっと集中は続かず、どこかでダラダラしてしまうなど、結果として五～六時間分ぐらいの仕事しかできていなかった、ということがよくあります。

反面、うまく休憩を挟んでいけば、仕事をしているときの集中度が増します。そして、結果的に一〇時間分以上の仕事を終わらせた、ということにつながります。

後者のほうが疲れは少なく生産力が高まるのですから、いいことずくめです。

うまく休憩を入れると、仕事をしている時間は短くても、仕事の〝濃度〟をぐんと高められるので、結果的には多くの仕事をこなすことができるのです。

仕事と休憩はコインの表と裏のような関係であり、「休憩力」を鍛えることが、高い仕事効率を得るための秘訣《ひけつ》にもなっています。

かのナポレオン・ボナパルトは、休憩について次のような名言を残しています。

「人生という試合で最も重要なのは、休憩時間の得点である」

スポーツの試合であれば、休憩時間に得点は入りません。しかし、人生という試合においては試合中（仕事中や勉強中）の得点だけを見ていればいいわけではありません。いかに休憩の時間を活《い》かすことができたかによって、最終的な得点が大きく変わってくるのです。

ナポレオンは一日に三時間しか睡眠をとらなかったなどといわれ、「休む間もなく行動していた人」というイメージが強くなっています。それでも実際は、休憩をうまく活用して、効率を最大化させるようにしていたということが本人の言葉から察せられます。

士官学校時代には、通常の在籍期間が四年のところを、開校以来の最短記録となるわずか一一か月で必要な課程をすべて修了して一六歳で卒業したというエピソードがあります。それにしても飛び抜けた要領の良さがあってこそ、なせた業なのでしょう。その一一か月のあいだにもうまく休憩を活用していたはずです。

●集中して作業ができているときこそ休憩を取るべき

それでは、高い休憩力はどのようにすれば鍛えられるのでしょうか。

ポイントは、自分が必要だと思う以上に細かい休憩をたくさん入れることです。

脳は、自分が思っているよりも疲労している場合が多いので、一日の後半に作業ペースが落ちると、一日全体の生産効率は下がってしまいます。

集中しているときは作業を中断したくないものですが、あえていったん作業を離れて休憩を取ることで、集中力を保ちながら作業を進められます。

休憩は仕事に疲れたときのお休みなのだから、自分に合わせたタイミングで取って、ゆっくり羽をのばしたいと誰もが思うものです。それは当然のことで、基本的にそのスタンスでいてもまったく問題はありません。ただし、生産力を飛躍的に上げるためには、作業時間をうまく管理して、定期的に細かい休憩を多く入れていくのが有効です。

休憩をなめてはいけないというのは、多くの偉人たちのエピソードを集約したときに浮かび上がってくる結論のひとつです。

●「休憩力」を養うトレーニング方法

ナポレオンの言う「休憩時間の得点」は、休憩時にいかに頭を休められるか、ということだとも受け取れます。

脳はあべこべなものです。天邪鬼《あまのじゃく》と言っていいかもしれません。

勉強しようとすると頭がだらけてしまい、休憩のときにはついあれこれ考えてしまいます。しかし、休憩の時間にいろいろなことを考えながら脳を使っていては、休憩の効果が望めなくなります。

休憩を休憩にするためには、心を平静にさせる必要があるのです。

そのために有効なトレーニングもあります。

休憩の時間になったら、トレーニング開始です。

いろんなことを考えてしまいそうになる頭をしずめて、なるべく何も考えない。

目を閉じて、深呼吸して、周囲の音をすべてシャットアウトする。

心の平静の時間を一〇秒間、つくるのです。

何も考えない時間は、たとえ一〇秒であっても長く感じるものです。それでも休憩のたびに一〇秒間、心を平静にする時間を取り続けていれば、休憩のときにあれこれ考えてしまうことはなくなります。

何も考えないようにする手法は、瞑想《めいそう》や坐禅《ざぜん》などにも通じます。それ自体が集中力を高めたり、心身をリラックスさせる効果があるといわれています。

故スティーブ・ジョブズ氏も、禅の思想を学び、日常的に瞑想を行なっていたことを自伝の中で語っていて、アメリカではちょっとした瞑想ブームも起きました。

羽生善治さんも「生活の中に空白の時間をつくることは心身のリフレッシュにつながる」と説いています。

心を平静にする一〇秒を習慣づけるだけでも、脳は深いリラックス状態を得られ、疲れた集中力を急速回復させることができるのです。

●「勉強中」「作業中」にこそ散歩する

仕事や勉強をいかに高いモチベーションで続けるかは工夫次第です。

私の場合、「一日三回、必ず散歩の時間をつくる」ことも心がけています。

どんなに忙しかったり気分が乗らない日でも、五分から一〇分くらいの散歩を一日三回は必ず行なうようにしています。

散歩をするタイミングは、基本的に〝作業中や勉強中の疲れたとき〟です。

大学受験のときなどは、時間はどれだけあっても足りないくらいでした。それでも、勉強をしていて「脳が疲れたな」と思ったら、すぐに家を飛び出して五分くらい歩くのを日課にしていたものです。

「せっかく苦労しているのに、散歩で一日に二〇分、三〇分も費やしてしまったらもったいないな」という気持ちもたしかにありました。しかし、散歩をすれば、確実に頭がリフレッシュするので、やはり散歩の時間は取るべきだと考えていたのです。

その頃、自分の一日を見渡してみて、どこに散歩を取り入れたらいいかと考え、その結果、一日三回の散歩を取り入れるのは勉強中の時間がいいと判断できました。

なぜかといえば、たとえ勉強中であっても、いやむしろ勉強中だからこそ、脳にはムダな「空白の時間」がたくさんあることに気がついたからです。

脳には集中の波があるので、効率良く頭を使えているときと、疲れて思考の能率が落ちているときが必ず出てきます。たとえ机に向かって参考書を読んでいても、疲れたり気が散ったりしていて、脳が止まっていたら、何もしていないのと同じです。

「三時間勉強をした」という場合でも、しっかり分析したとすれば、そのなかには数分単位のムダな脳の空白の時間（疲れて止まっている時間）がたくさん存在しています。

私の場合、自分の勉強パターンを振り返ってみたことで、この空白の時間は、一定時間、勉強して頭を使ったあとの、ちょっと疲れたときに訪れやすいということがわかりました。「疲れたときの空白の時間」という性質上、これは多くの人に共通することであると思います。

そのため、そんなときに無理やり机に座り続けてムダな空白の時間を延ばしてしまうよりも、外に飛び出して散歩して、自分をリフレッシュさせるのに時間を使ったほうが有効だと考えられたのです。

散歩の時間は、なんとなく時間の空いたときよりも、むしろ脳をよく使っている仕事中や勉強中に取るようにすることでパフォーマンスを高められます。

疲れたときにすかさず散歩に出るようにすれば、ちょうどいい気分転換になって、その後の集中力が増しているのがわかるはずです。

●ジョブズもアインシュタインも散歩を愛した

散歩の習慣は、偉人ともいえるような企業家、発明家たちも持っていました。

彼らの場合は疲れたときに限らず散歩を行ない、それによって集中力を研ぎ澄ましていたともいえそうです。

たとえばアップル創業者の故スティーブ・ジョブズ氏も散歩をこよなく愛していて、重要な決定や打ち合わせがあるときには外に出て散歩をする習慣があったようです。

イギリスの機械技術者、発明家で、「ワット」という単位の元にもなっているジェームズ・ワットも散歩をしているときに蒸気機関の改良のアイデアを思いついたといいます。それがのちの産業革命につながっているわけです。

ほかにも、理論物理学者のアインシュタインや哲学者のソクラテスらも、好んで散歩をしていたといわれています。

古今東西、突き抜けた生産者たちが好んだ散歩習慣には、心に集中とリラックスの双方をもたらし、生産力を高める普遍的な効果があるのだと考えられます。

●究極の自己管理術は「無理をしないこと」

巨大な生産力を発揮するために、非常に重要なことがあります。休憩の重要性にもつながりますが、それは「いかに無理をしないか」です。

無理をしないでラクをしていたら、成績は伸びないのではないか、と思った人も多いでしょう。しかし、全力を出すことと、無理をすることは違います。

毎日、全力を出して、どんどん結果を出していける人も、決して無理をしているわけではないのです。むしろ無理をせずに自分のレベルを毎日徐々に上げていくことで、最終的にとてつもない結果を生み出しているといえます。

松下電器産業（現・パナソニック）の創業者で、「経営の神様」といわれる故・松下《まつした》幸之助《こうのすけ》さんは、次のような言葉を残しています。

「無理をしてはならない。（中略）真剣に生きる人ほど、無理はしない。無理はしないというのは、消極的な意味ではない。（中略）これが疲れないこつである」

力を抜く目的ではなく〝自分の力を保つ〟目的で、無理をせずに日々の自分を磨いていくことこそが、長期にわたって大きな結果を残すための秘訣なのだ、ということを示唆した名言です。

イチロー選手も、インタビューでこう話していました。

「いつも一〇〇点（一〇〇％）の力を出し切ってやっている人を見ると、凄《すご》いと思う。自分は、毎日七〇点を取りつづけていくことこそが、最終的に一〇〇点を取る術《すべ》だと思っている」

イチロー選手の驚異の成績は、いつも無理に力を出し切ってきた結果ではなく、うまく無理をしない要素を取り入れ、力を保ちながら毎日の成績をコンスタントに積み上げてきたことで残せたものだったのです。

「人生という試合で最も重要なのは、休憩時間の得点である」というナポレオンの言葉にしても、休憩を活用し、無理をしないことが、長期間にわたって力を出し続けるためには最も重要なのだということを示した言葉だといえます。

積極的な意味で無理をしないことは、多くの偉人たちが実践してきた究極の自己管理だともいえるのです。

●「泣くこと」もストレス解消のメソッド

日常の中でうまく、「無理をしない」を実践することは簡単ではありません。「無理をしない」は、一歩間違えると、「だらける」と混同してしまいます。

そのため、自分を過剰に休ませることなく、かつ負担をかけすぎないバランスが必要になります。

それをうまくコントロールする方法のひとつが、仕事において「一〇〇点を取ろうとしない」ことです。点数がつけられる仕事でなくても考え方は同じです。

仕事を詰めすぎたり、自分を追い込もうとしすぎたりすると、どうしても無理をする状態になってきて、だんだんと精度が落ちてきます。

そんなときは、少しでも自分への負担を減らすために、イチロー選手のように「一〇〇点でなくてもいい。七〇点でいいんだ」と、自分に言い聞かせてください。

仕事の種類によっても状況は変わりますが、無理をして一〇〇点を取ろうとしても、一〇〇点の結果を出せるものではないのです。それよりも「七〇点でいいから」くらいの気持ちで臨んだほうが、結果的にはいい成績につながるものです。

イチロー選手は「小さなことを積み重ねていくのが、とんでもないところに行くただひとつの道」とも話しています。無理をしない工夫を毎日少しずつ重ねていくことでも大きな結果を生み出すことにつなげられます。

気持ちに無理をかけないもうひとつの方法として、「泣く」というシンプルな方法もあります。

人間は、泣くことで副交感神経が優位になり、ストレス解消の効果を得ることができるといわれています。

感動モノの映画やドラマを見て泣いたときでも、本当につらいことがあって泣いたときでも、その後にすっきりすることがあるはずです。

泣くことには気持ちに無理をかけない効果があるのです。

●ルーズな服装のススメ

生産性を極限まで高めたいと思っている人にお勧めしたい習慣があります。

それは「服装をあえてルーズにすること」です。

これは仕事や、人と会う場面で、失礼なだらしない格好をするべきだという意味ではありません。あくまでプライベートや親しい友人と会うときなどに限って、服装をくずして、それほどファッションを気にかけないようにするのです。

集中の基本は「余計なものを切り捨てる」ことであるというのは先にも解説したとおりです。

その意味でいえば、ファッションもそこに当てはめられます。

本人があまり意識はしていなくても、ファッションは、意外なほど多くの時間やエネルギーを割いてしまう「集中阻害因子」になるのです。

人間は、人からよく見られたいという願望が常にあるので、ついそこに時間とエネルギーを割いてしまいます。

女性であれば、なおさらのこと、その傾向が強いはずです。

服装などの見た目に気をつかうプラスはもちろんありますが、その部分を意識しすぎていると、集中の面では大きなさまたげになります。

私自身、ファッションにはまったく無頓着ですが、そのおかげでコーディネートや買い物に時間を費やしたり、他人からの目を気にしすぎることなく、自分のエネルギーを仕事に集中できていると思います。

『情熱大陸』というドキュメンタリー番組で私の特集を組んでいただいたときには、ディレクターの方が、私がスーツを着ていながら黄色いサンダルを履いていたことに驚いた、という場面がありました。どんな場面でもセンスのよい服装でなければならない、といった重圧からは解放されるべきだと思います。

もちろん、人生で何に重きをおくかは人それぞれの選択ですが、生産力を高めるためには、まず気にかける部分を減らすことも大切です。

●「シリコンバレーの無敵の投資家」も服装はルーズ

服装の話に関連して面白いエピソードがあります。

アメリカのベンチャー企業、「LinkedIn（リンクトイン）」の創業者、リード・ホフマン氏に関する話です。

この「LinkedIn」というサービスはビジネス版の Facebook のようなもので、全世界の登録ユーザー数は三億人を超え、時価総額は二〇一三年九月時点で三二五億六〇〇〇万ドル（三兆円以上）にまでなっている超巨大企業です。

ホフマン氏の資産は、日本円にして数千億円レベルといいます。投資家でもあり、シリコンバレーのほとんどすべての有力なソーシャルネットワークの立ち上げに携わったといわれています（米Forbes誌では、「シリコンバレーの無敵の投資家」と評されています）。

そんな規格外の大富豪ホフマン氏の友人である、MITメディアラボ所長の伊藤穰一《いとうじょういち》さんが、脳科学者の茂木健一郎《もぎけんいちろう》さんとの対談でこんなお話をされていました。

「（略）MITメディアラボでイベントがあって、僕の友人でLinkedInの創設者でもあるリード・ホフマンが来たんだよ。で、最後に記念写真を撮ってみたら、周りは全員革靴なのに、リードだけがスニーカー。もし、『この中でいちばんのお金持ちは誰でしょう？』ってクイズを出したら、絶対に当たらないよね」

いちばん服装にルーズな人がいちばんのお金持ちだったのですから、たしかにこのクイズに正解するのは難しいはずです（見た目はルーズですが、本人は機能性を重視していた可能性はもちろんあります）。

こうしたエピソードを聞いても、「そういう人はもともと集中力が高いから服装がルーズなのであって、服装がルーズだから集中力が高いわけではないだろう」と思う人もいるかもしれません。服装をルーズにしたからといって、それで即座に集中力が急上昇するわけではないのは当然です。

それでも長期的に見れば、日常的に気にかけている部分を減らすことによって作業への集中度は確実に高まります。服装に限らず、それまでどこかに振り向けていたエネルギーを作業に集中させる心がけを持てば、成功者たちが発揮しているような高い集中力に近づいていくことができるのです。

「形から入る」ことが、自分の望む中身を手に入れる近道になることもあるのです。

●「だらしなさ」が生み出す高い集中

集中の継続力を高めるうえでとても重要なのが、気持ちの中に常に「だらしなさ」を持っておくことです。

集中とだらしなさは、一般的には真逆の概念だと思われています。しかし実際は、この二つは相反するものではありません。むしろ、だらしなさこそが高い集中を生み出すものです。

どうしてでしょうか？

集中を続けることは、「気持ちを張る」こととは異なります。

もちろん、集中して何かに取り組むときには、気を張ることもありますが、ずっと気を張った状態を続けていると、ストレスが蓄積して疲れてしまいます。

集中と緊張は違うということです。

五分や一〇分の集中ならともかく、三時間、五時間と集中していたいときには、緊張しているのではなく、必然的にリラックス状態を続けることが求められます。

そのリラックス状態を得るために、気持ちを弛緩《しかん》させるだらしなさが必要になるわけです。そこに集中力を長く維持するためのメカニズムがあります。

●「せっかちに生み、だらしなくを維持する」

かつて世界ランキング一位を一六〇週間にもわたって維持し続けた〝テニス界の伝説〟ジミー・コナーズ氏は次のように話しています。

「一試合のあいだ、ずっと集中力を持続させるには、適度にリラックスすることが絶対に必要だ」

プロテニスの試合は、一試合あたり二時間から四時間ほどかかります。二〇一〇年のウィンブルドンでは、一一時間五分かかった試合もありました。

それだけの長時間、集中して高いパフォーマンスを続けるのは並大抵のことではありません。それを可能にするために、コナーズ選手はさまざまな工夫を随所にほどこしていました。

たとえばプレイの合間の数十秒は観客席を見渡したりしていたのも、プレイの緊張状態を解いて、自身をリラックスした状態にするためだったといわれています。

コナーズ選手といえば、観客を巻き込むパフォーマンスも有名です。渾身《こんしん》のガッツポーズを見せたり、観客席に入って観客のジュースをひと口もらってからコートに戻るなど、観客を沸かせるのに長《た》けた選手でした。

そういう行為をしながら、自分をリラックスさせ、集中力を持続させていたのだと考えられます。

テニス界の伝説となった圧倒的な成績は「集中↓リラックス↓集中↓リラックス……」という細かい繰り返しで生み出されてきたものだったともいえるのです。

長丁場を集中するためにはあえて気持ちを弛緩させる部分を持つのがいいわけです。そのためには「せっかちに生み、だらしなくを維持する」がポイントになります。

これは、作業そのものへの集中度と、自分のメンタリティは分けて考えるのがいいということです。

つまり、自分の気持ちはなるべく弛緩させておいたうえで、作業をする手は速く動かすように心がけるということです。

「せっかちに生み」は短期的な集中力を、「だらしなくを維持する」は長期的な集中力を表現した言葉です。

これを実践できるようになれたなら、あなたの集中力は強くて太いものになり、これまでとはまるで違った成果をあげられるようになるのです。

第3章「時間」と「脳」の効率的な使い方

●「持ち時間」と「脳のクロックサイクル」

知的生産力を高めるためには集中というファクターを重視するべきですが、それと同時に一日の持ち時間を増やすことを考えるべきです。

これまで書いてきたように、集中に入ることと集中を継続することは日常の習慣の中で訓練できます。

しかし、持ち時間を増やすためには、習慣そのものを変える必要があります。

また、集中力を上げたいとは考えても、持ち時間を増やそうとはあまり考えないものなので、意外な死角となって放置されている場合が多いのです。

だからこそ、そこを忘れず、しっかりと見直していく意味は大きいわけです。

持ち時間を増やすことは、脳の働きとも大きく関わります。

物理的な持ち時間を増やす（作業に充てられる時間を長くする）こと自体が大きな意味を持ちますが、脳のパフォーマンスを上げられたなら〝体感的な持ち時間〟も長くできます。そこが重要なポイントです。

「脳のクロックサイクル」という概念があります。

クロックサイクルとはもともと、コンピュータのＣＰＵの演算速度を表す言葉ですが、それを応用した概念として〝脳の情報処理速度〟がこうした言葉で表現されます。

脳機能学者の苫米地《とまべち》英人《ひでと》氏は「脳のクロックサイクルを速めることが、能力向上に有用である」と説いています。

考え方や方法論はいろいろありますが、重要なのはいかに一日の持ち時間を増やすかです。

これから紹介するメソッドによって、日常における行動のスピードを高めていけば、物理的な持ち時間を増やせるだけでなく、脳のクロックサイクルも速められるので、体感的な持ち時間も延ばしていけます。

知的生産力の三本柱は「持ち時間」「集中に入る力」「集中を継続する力」だということは最初に書きました。

ここまでは「集中に入る力」「集中を継続する力」をフォーカスして解説してきましたが、この章では、全体の中でもっとも重要な要素といえる、持ち時間を増やす方法を紹介します。

●行動の速度と量

生産力を高めるためには、日常生活のすべてにおいて「速度を上げること」を習慣化する姿勢が重要になります。

そもそも、誰もが一日二四時間という同じ時間を持っていながら、成果に差がついていくのはなぜでしょうか？

そこを分ける大きな要因のひとつは、日常的なあらゆる行動の速い遅いにあります。

たとえば着替えが一〇秒で済み、フロア移動に三〇秒しかかからず、メールを一通打つのを一分で済ませる人と、着替えに六〇秒かかり、フロア移動に一〇〇秒、メールを一通打つのに五分かかる人をくらべれば、一日にこなせる行動の量がまったく違ってきます。それが積もり積もって一日にこなせる仕事量に大きな差がついていくのです。

基本的に、一日にこなせる行動（仕事）の量は、「日常行動の速度」に比例します。

行動のスピードが速ければ、ひとつあたりの行動にかかる時間が短くなり、その分、たくさんのことをこなせるからです。

つまり、日常の行動を速くこなせるようになればなるほど、一日に多くの活動を行なえるようになり、その分、生産力は向上させられるわけです。

日常的に行なわれるあらゆる種類のなにげない動作を速めることこそが、自分の持ち時間を増やし、毎日の生産性を飛躍的に高めるためのカギになるのです。

そのためのトレーニングを行なうことから始めて、自分の持ち時間をどんどん増やしていくようにすることが大切です。

●さまざまな効果がある「一・二倍速歩行トレーニング」

最初に紹介したい日常行動のスピード訓練は「一・二倍速歩行」です。

訓練といっても、とくべつ時間を割いたり、場所を用意する必要はありません。毎日の通勤や通学、あるいはちょっとした移動をする際の意識を変えるだけでいいのです。

日本人が一日に歩く「平均歩数」は、男性が八二〇二歩、女性が七二八二歩です（平成九年度国民栄養調査より）。

一歩にかかる時間を〇・七秒とすると、日本人が一日に歩行にかけている時間は、男性で約九六分、女性で約八五分ということになります。

これを、一・二倍速にして一歩を〇・五秒に縮めて歩くようにします。

（厳密には〇・六秒に近いですが、少し早めを心がけて〇・五秒にしましょう）

そうすると、一日に歩行に費やされる時間は、男性で約六八分、女性で約六一分に短縮できます。

これによって、二つの効果が得られます。

ひとつは単純に「自分の時間が増える」ことです。一日あたり男性は二八分、女性は二四分の時間を得ることができます（この後の項目で紹介する方法も合わせれば、最終的に毎日一～二時間の持ち時間を増やすことができます）。

二つめは、基本行動のスピードを上げることによって脳のクロックサイクルを速められるということです。

速く歩くようにすればその分、時間が節約できるというのは単純な原理です。

しかし、メリットはそれだけではありません。こうした部分から日常的に変えていけば、体感時間が短くなって諸々《もろもろ》の行動の処理スピードを速める効果を得られます。

一歩を〇・五秒にするということは、一秒二歩にするということです。試してみれば、けっこうハードであるのがわかります。

それでも、普段から常にこれを意識しているようにすればすぐに慣れます。それだけで脳のクロックサイクルを速めるアシストになるだけではなく、運動不足ぎみの人にはちょっとしたエクササイズ効果がもたらされます。なにげない日常の行動の中にこそ、理想のパフォーマンスを得るための道は隠されているのです。

●「速歩き」をすることでタイピングも速くなる!

できるだけ自分の持ち時間を増やしたいと試行錯誤していた私は一種の「日常改革」に取り組んでいた時期があります。

毎日の行動履歴をノートにつけて、日々暮らしているなかでムダになっている時間や、もっと効率良く済ませられる時間はどこにあるだろう、と分析を続けていました。

「ここを改善したら持ち時間を増やせるのではないか」という部分を一〇項目ほどリストアップして、一つひとつ実践していました。

そのなかで最も大きな効果を得られたのが「速歩き」だったのです。常に一・二倍速にすることを基本にしながら、人通りの少ない通路ではさらにペースを上げ、人混みの中では少しペースを落とすなど、適宜調整しながら常に速歩きを心がけました。

「速歩きにするくらいでは変わらないかな……」と、最初はあまり効果を期待していなかったのですが、その習慣によって飛躍的に持ち時間が増えたのです。

速歩きを習慣化すれば、時間の節約になるだけではなく脳のクロックサイクルを速められるというのもクリアに実感できます。あらゆることへの集中効率が高まったということも、この時期に大いに体感できました。

速歩きをすれば、それだけ周りの景色も早く変わるので、しっかり歩くためには適度な集中が要求される状態になり、集中力がシェイプアップされます。

それによって、集中のベースラインが活性化し、何を行なう際にも、より高い集中力とスピードで取り組むことができるようになったのです。わかりやすいところでいえば、パソコンのタイピングや読書のスピードなどがそうでした。

それがすなわち、脳のクロックサイクルを速められる、ということです。

そのおかげで、さまざまなことが手早く片づけられるようになり、さらに持ち時間を増やすことができました。まさに「てこの原理」のごとく、たったひとつの習慣によって、いっぺんにたくさんの効果を得ることができたのです。

このような「一石二鳥、三鳥」を得られるのが、速歩きを習慣にすることの最大の魅力です。単に時間を節約するだけでなく、大切なのは集中のベースラインを高めることです。最も手軽にそれを始められるのが、速歩きを習慣化することだといえます。

歩くという行為は日常と切り離せないものです。そうした日常的行為をトレーニングにできてしまえるのがいいところです。

●一日に使える時間は、二時間増やせる

持ち時間を増やすために有効な二つめの行動が「紙めくり」だといえば、どんな印象を持たれるでしょうか？

それほど頻繁に行なわれることもないあまりにも小さな作業なので、そんな部分で時

間を短縮しても効果はないのではないかと思えるかもしれません。しかし、一日というものは、こうした〝小さな作業の膨大な積み重ね〟によってできているのです。

速歩きをすることによって一日二五分という時間を節約できるとすれば、それはすなわち一日に〝追加される時間〟になります。

二五分くらいではそんなに変わらないと思うかもしれませんが、日常生活や仕事の中には「積もり積もれば大きい」小さな作業がたくさんあります。それらをすべて合わせれば、一日あたり一時間から二時間ほど、持ち時間を増やせます。

一日に使える時間が一時間から二時間増えるとすれば、これは大きなことです。

そのためにはまず「日常生活や仕事の中に時間を短縮できる小さな作業はどこにあるか」をしっかりと見つけていく必要があります。

そのうちのひとつが、紙めくりなのです。

とはいえ、日常的に紙をめくるという作業を行なう回数は、歩く機会にくらべれば少ないものです。それなのになぜ、紙めくりなのか？

それは、紙めくりが「手先を使う細かい作業」だからです。

紙をめくる時間を短縮させようとしていれば、それによって手先を使う他の細かい作業のスピードも上がっていきます。服を着るときにボタンを留めるスピード、スマートフォンで文字を入力する際にフリック入力するスピードなどもそうです。

そうした時間短縮の積み重ねを導くための第一歩として「紙めくり」は向いているということです。

つまり、さまざまな手先を使う作業のうち、紙めくりを「代表」としてトレーニングすることで、手先を使うスピードそのものが向上し、それによって他のすべての細かい作業のトレーニングも兼ねることができる、というわけです。

●無理なくターゲットを絞り込む時間短縮術

日常的に行なう動作のすべてをすばやくやろうと最初から考えていれば、疲れてしまいます。そういう無理はよくないので、「まずは紙めくりから始めよう」というように、意識する行為を絞り込むのが効果的です。

紙めくりの場合、一日にそれを行なう回数がそれほど多いわけではないので、それがかえっていいわけです。ただし、本でも新聞でも、資料でも手帳でも、紙をめくるときには常に意識して、なるべくすばやくめくれるように練習してください。

それによって、それまで使っていなかった脳のスイッチが入り、日常動作を効率化する底上げができます。

経済評論家の勝間《かつま》和代《かずよ》さんも「時間効率化のためには、細かい動作から短縮していくのが有効である」と話しています。普通であればなかなか意識しないような細かい時間短縮を積み重ねていくことによって自分の時間を増やせていくのです。

●アウトプット力を高める「速書きトレーニング」

日常動作のなかで時間を短縮させる効果が高いもうひとつの小作業は「書く」という行為です。

鉛筆やペンなどで「書く」という行為も、作家の方などでない限り、一日にそれほど多く行なうものではありません。しかし、仕事のなかでちょっとした覚え書きをするなど、直接、字を書くシチュエーションは意外とあるものです。

その機会をそのままトレーニングとしながら時間短縮を心がけます。

なぜ、速書きトレーニングが有効なのか？

速書きが「アウトプット力を高める」ことにつながるというのが最大の理由です。

「書く」という行為は、自分の頭の中の思考を外に表現するアウトプットの基本形になります。せっかく頭の回転が速くても、書くスピードが遅いと、その回転の速さがアウトプットに活《い》かされません。

流れ作業などをイメージすればわかりやすいように、一か所の流れが遅いと全体が遅くなります。その遅くしている部分は化学の世界では「律速段階」と呼ばれます。

書くのが遅ければ、それがまさに〝アウトプット力の律速段階〟となり、自分の力を制限してしまうことになるのです。

速書きトレーニングによって書くスピードが上がれば、脳の思考スピードを抑えるブレーキがなくなり、より生産性を高めることができるのです。

この原理を活かすために、いまでも私が習慣づけていることがあります。それは、「意図的に速く字を書く時間をつくる」ことです。

勉強では字を書く機会が多いのはもちろんですが、仕事をしている場合にしても、ちょっとしたメモ書きなども含めれば、字を書く機会はそれほど少ないわけではありません。頭の中に浮かんだアイデアをできるだけメモに取っておくことを心がけておくようにすれば、なおさらその機会は増えます。

多くの場合、「字はきれいに書きなさい」と指導されますが、私は昔からそのことに疑問を抱いていました。正確にいえば、「きれいに書くことが必要とされるときもあるけれど、アウトプットの速さが求められるときもあるのではないか」と思っていたのです。

意識すればきちんとした字を書ける人ならなおさらそうです。そういう人は、そこから視点を変えて、その字を速く書けるようにするのが有効です。そのほうが、脳のパフォーマンスは良くなり、思考の限界が引き上げられます。

「速書き」のスキルを身につけずにアウトプットをするのは、もったいないことだといえます。

●「速書きの習慣化」で発想力も向上！

「話すスピード」と「書くスピード」では、圧倒的に「話すスピード」のほうが速いものです。

誰かが普通に話していることを遅れずに書き写していくのは至難の業です。それを可能にするのが速記という特殊技術です。誰でもそれができるわけではないのは、裁判所の速記官のような専門職があることでもわかります。

人間がものを考えるとき、頭の中で文章を組み立てているものなので、思考のスピードは、しゃべるスピードとおおよそ同じです。そのため、一人でもの思いにふけっているとき、考えていることを口に出して呟《つぶや》いていても違和感はありません。その一方、自分の思考やアイデアを紙に起こすときは、意識的に速書きするようにしなければ、思考にブレーキをかけやすくなってしまいます。それは、前述のとおり「書くスピード」が「思考のスピード（＝話すスピード）」よりもずっと遅いからです。

もともと頭の回転が速い人でも、きれいな字を書くことを意識してゆっくりした動作になっていれば、そこに気をとられて思考のスピードが落ちてしまうものです。それを避けることは、脳の生産性を上げるうえでとても重要です。

丁寧に字を書くことのすべてを否定しているわけではありません。何かの清書をするときなどは別にして、何を書くかを考えながら手を動かしているときに速書きを心がけていれば、思考のスピードを落とさずに済むということです。

私自身、速書きを習慣化したことによって、集中状態をすばやくつくれるようになりました。それだけではなく、出せるアイデアの数も増え、知的生産術の向上に大きく役立てられたと確信しています。

速書きを習慣化するのが有効な理由はもうひとつあります。それは、紙めくりと同じで、その頻度がそれほど高くないのがいいのです。

紙めくりの時間短縮に慣れたら、速書きにチャレンジしていく。忙しい社会人にとって、毎日の時間を効率化するには、そういうスタンスでいたほうがちょうどいいトレーニングになるものです。

●「速書き」でなく「メールの速打ち」でもOK

速書きをすると、字は少し乱れます。

しかし、その「汚い字」こそが、高いアウトプット力の象徴だともいえます。

楽聖と呼ばれるベートーベンも、譜面や手紙の字はとても汚かったそうです。

名曲「エリーゼのために」は、本当は「テレーゼのために」というタイトルだったのに、字が汚すぎて解読できなかったことから、この曲名で浸透してしまったというエピソードも有名です。

相対性理論の創始者として知られる二〇世紀最大の物理学者アインシュタインや作家の芥川龍之介《あくたがわりゅうのすけ》なども字が汚かったといわれています。

天才といわれる人たちでもそうなのです。

「字が汚いと頭が悪い」と言われたりしますが、これは誤りです。速いアウトプットに起因する字の汚さは、むしろ能力の高さを示すものだといえます。ですから、速書きでは字が汚くなることを気にせず、すばやく自分の考えを紙に起こすことに集中してください。書いたものを人に見せなければならない場合にだけ気をつければいいのです。

「日常生活の中でまったく字を書く機会がない場合はどうすればいいのか？」と思われた人もいるかもしれません。そういう人は、パソコンのタイピングや、スマートフォン

のフリック入力を速くする練習で代用できます。

意識的に指を動かすスピードを速めるようにすればいいのです。ただ、その場合にしても、あまり頻度が高いと疲れてしまうので、一日のなかでとくに速打ちを意識する時間を五分や一〇分、つくるようにするだけで十分です。

●やってはいけない「速××」

私が日常改革の試行錯誤をしていたなかで、とくに効果が大きいとわかったのが、これまでに紹介してきた「速歩き」「紙めくり」「速書き」だったわけですが、他の部分では、あまりうまくいかなかった失敗バージョンもありました。

たとえば、お風呂《ふろ》を速く済ませる「速風呂」、食事を急いで食べる「速食い」、息を速く吸ったり吐いたりする「速呼吸」などです。

これらを試してみても、自分の集中ベースラインを高めたり、空き時間を大きく増やす効果を得られませんでした。

うまくいくこととうまくいかないことではどこが違うのでしょうか？

一日に行なう頻度と、それぞれの行動の持つ意味合いです。

歩く、紙をめくる、ものを書くといった動作は、一日に細かく複数回行ないますが、食事なら一日三度、入浴なら一日一度が普通です。

また食事や入浴は、ゆっくり行なうこと自体の意味が大きい行為なので、それを慌ただしく済ませてしまえば、本来の目的や効果がそこなわれることにもなってしまいます。

呼吸の場合は、そもそも実験的な試みだったといえますが、リスクとデメリットの大きさがすぐに理解できました。

呼吸などは別にしても日常の中で頻繁に行なわれる「普遍的な動作」の質とスピードを高めることが大切です。

そういう部分の見直しが総合的にパフォーマンスを高めることにつながります。そうした考え方が知的生産術を向上させる基本になるのです。

●「スキマ時間」の重要性

時間を極限まで活用するためには、「細かい時間」ほど大事にすることが必要です。

大きなかたまりの時間がベースとして必要なのはもちろんですが、その周辺にある小さなスキマ時間も決して逃してはならないものです。

スキマ時間を集中のゴールデンタイムにできるというのは第1章で書いたとおりです。スキマ時間は一日のいろんなところにたくさんあり、それを足していけば「大きな時間」になります。仮に一五分のスキマ時間が一日に八回あったとしたなら、その合計は二時間になるわけです。

スキマ時間のすべてでダラダラして無為に過ごしてしまっていては、ゴールデンタイムにできる二時間を毎日、捨てているのと同じになります。

スキマ時間に対しては、無為に浪費していても罪の意識が湧きにくいのも問題といえます。

まとまった二時間があったときに仕事や勉強をしないで無為に過ごしてしまえば、「だらけてしまった」「時間をムダにしてしまった」と罪の意識が湧きますが、「一五分の空き時間を八回」というように細かく刻まれると、その意識が生まれにくいものです。

そのため、「一五分ならべつにいいや」が繰り返されていき、一日に二時間、一週間で一四時間、一か月で六〇時間もの持ち時間を浪費してしまうことになります。

一生のうちにトイレで過ごす時間を全部合わせると、平均して三年分になるというデータがあります（世界トイレ機関調べ）。三年間、一度もトイレから出ないで過ごすというのは想像もできない恐ろしい話ですが、結果として私たちはそれだけの時間、トイレにいるということです。

それと似た話です。トイレの時間は仕方ないにしても、うまく活用できるスキマ時間はムダにしないでおきたいところです。

●「見かけの持ち時間」と「真の持ち時間」

私の場合、大学の卒業試験のときなどは、まさに時間との戦いになっていました。

在学中から教育プロデューサーとしての活動を始めていたので、仕事や執筆をしながら翌週の試験の勉強をひたすら行なう毎日で、時間が「宝もの」に見えるほどの忙しさでした。なにしろ毎週四～五科目の試験がある状況が二か月続き、合計三六科目あるという超ハードスケジュールだったのです。

そんな極限状態の中での気づきもありました。それは「一日の持ち時間はそれほど長いものではない」ということです。

睡眠の七時間と食事の二時間を除いても「一日は一五時間はある」という言い方をされることがよくあります。しかしそれは「見かけの持ち時間」のようなものです。実際に仕事や勉強に使える「真の持ち時間」は、どれくらいあるでしょうか？

着替えや移動といった日常的に避けられないちょっとした行動のスピード次第で一日にこなせる行動の量は変わってくるということはこれまでにも書きました。

そうしたことを考えたうえでの真の持ち時間を見てみれば、一日に八時間ある人もいれば一二時間ある人もいるわけです。

前者をAさん、後者をBさんとするなら、Aさんが二年を生きるあいだに、Bさんは三年生きているようにもなっているのです。

●「ムダ」を減らせば「時間」は増える

見かけの持ち時間はそれほど変わらなくても、真の持ち時間に意味があるので、それをできるだけ減らさないようにする工夫が必要です。

そのためには、自分の日常的なルーティンの中で「最も時間を食いつぶしてしまっている行為は何か」を分析する必要があります。

私の場合、卒業試験の頃に最も持ち時間を食いつぶしていたのは諸々の移動でした。大学まで片道一時間半かけて通学していたため、往復するだけでも一日三時間になります。もちろん、電車やバス内でも参考書片手に勉強はしていましたが、机に向かって勉強する場合とくらべればやはり効率が悪いため、この三時間が惜しまれました。

そのため、「このままではまずい。移動をなくして〝引きこもり〟をしなければ、試験をパスできない」と強く思ったものです。

引きこもりというと、社会的にはマイナスのイメージが強く、引きこもり気質には何の利点もないと見られがちです。しかし、引きこもり気質というものは、こと生産力においては絶大なメリットをもたらしてくれる部分があります。理由は単純で、引きこもり気質であれば、移動で消費される時間がなくなるからです。その分の時間を生産活動に充てることができるのが大きいわけです。

協調性やコミュニケーションスキルはもちろん重要な要素ですが、引きこもることにも生産力を高めるメリットはあるということです。

卒業試験の期間中は、なるべく一か所にいるように心がけていました。

大学の自習用の教室にずっとこもって勉強していて、閉まる時間になったら二四時間営業のカフェに移動して仮眠を取りつつ勉強する。そんな生活を続けました。それで、往復の通学時間はほとんどゼロにしたうえ、細かい移動も減らしていたのです。

ずっと一か所に座り続けていると、下半身の血流がうっ滞したり、運動不足になるので、休憩の時間を兼ねてスクワットをするなどということも心がけていました。こうしたやり方はかなり極端な例かもしれませんが、このおかげで一日の勉強時間は格段に増えました。これを三六五日続けるわけにはいきませんし、状況に応じてどこまでやるべきかは変わってきます。

しかし、真の持ち時間がどれくらいあるかを意識していると、物事の優先順位がはっきりと見えてきて、生活の中のムダを減らせるのは間違いないことです。

第4章　環境改善とプライミング効果

●人間は「決意」では変わらない

モチベーションは自分の中から出てくる、というのが一般的な通念です。しかし私は、それはまったくの誤りだと考えています。

自分自身のモチベーションに関していえば、自分の「中」よりも「外」の環境から規定される要素が非常に大きいといえるからです。

経営コンサルタントの大前研一《おおまえけんいち》さんの有名な言葉に次のものがあります。

「人間が変わる方法は三つしかない。ひとつめは時間配分を変えること、二つめは住む場所を変えること、三つめはつきあう人を変えることだ。最も無意味なのが〝決意を新たにすること〟である。決意だけでは何も変わらない」

ここに挙げられた三つの方法はどれも、自分の内面を変えようとするのではなく、外の環境を変えようとするものです。

「スケジュール」「場所」「人間関係」の見直しが大切であるとする一方で、一般的に自分の中からモチベーションを高める必要が説かれるときにまず言われる「決意を新たにすること」が最も無意味だときっぱり断じています。

本当に生産力とモチベーションを高めようとするなら、中から変えようとするより、自分の外に目を向ける必要があるのです。

●環境の見直しは「机」から

場所、すなわち環境を考えるなら、まず「机」が重要なポイントになります。

仕事をするうえでも勉強をするうえでも、最も多くの時間を過ごす場所が机になることが多いからです。

机の環境をどうするかは〝最も身近な外の環境〟です。机がどんな状態になっているかによってモチベーションが大きく変わるのは間違いありません。

とくに自宅では、勉強をするにも持ち帰った仕事を行なうにも、机の状態次第でかなりの差が出ます。

会社などとは違い、自宅であれば、机の配置や机の上の物の置き方などは自由にできるので、それによるプラスやマイナスは余計に大きくなります。

外の環境が自分に影響を与えるルートは二つ、「視覚」と「聴覚」です。

人間は外の環境の情報を五感、すなわち「視覚、聴覚、味覚、嗅覚《きゅうかく》、触覚」によって脳に取り入れます。机の環境に関していえば、味覚、嗅覚、触覚はほとんど関係ないので、影響があるのは視覚と聴覚です。

とくに重要なのが視覚です。

人間は仕事をしているときでも常に視界に入るものから影響を受けています。

たとえば、部屋の隅が見えないほど広い空間で仕事をするのと、息苦しいほど狭い空間で仕事をするのをくらべたならどうでしょうか？

机が同じであれば作業環境は変わらないと思われるかもしれませんが、視界の違いによって感覚はまったく違ってきます。

それが長時間にわたって続けば、仕事や勉強の効率、パフォーマンスの差として、はっきりと出てきます。

だからこそ、〝自分に合った視界〟を見つけて、仕事場や書斎、勉強部屋をできる限りそれに近づけることが重要になるのです。

●「視界」をコントロールする方法

自分には「狭い視界」と「広い視界」のどちらが合うのか？

どちらがいいかは一概に決めつけられることではありません。視界が狭くていろいろなものが目に入らないほうが集中しやすい人もいれば、視界が広々としているほうが、やる気やアイデアが出やすい人もいるからです。

自分がどちらのタイプかをまず見極めるところから始めてください。

自宅であれば、思いきって机の配置や向きを変えてみる方法があります。そんなに広い部屋はないという人でも、机の置き方次第でずいぶん変わります。

部屋の隅に向かうように机を置けば「狭い空間」、部屋の中央に向けて机を置けば「広い空間」になります。

両者をくらべて、自分が集中しやすく快適に感じるほうが、自分に合った視界の型です。喫茶店などで作業をする場合でも、それに合わせて席を選ぶのがいいわけです。

オフィスであれば、机の場所などは自分の勝手で変えることはできませんが、机の整理をしたり、机の両脇に資料を立てるようにすることなどで、視覚的な広さはある程度、コントロールできます。そこで生まれるちょっとした違いから、場所を変えるのに通じる効果が生まれ、集中力やパフォーマンスの質を変えることにもつなげていけるのです。

●集中のための「物理的切り捨て」

集中できる環境づくりをするうえでは「切り捨て」の発想を持つことも重要です。

〆切には心理的〆切と物理的〆切があるように、切り捨てにも「心理的切り捨て」と「物理的切り捨て」があります。

心理的切り捨てというのは、頭の中だけで「いまから集中するから、漫画は読まない」「ゲームはやらない」と決意することです。

しかし、このように頭の中で切り捨てをするだけでは、不十分なときもあります。自分の頭の中だけの〆切を設定しても無意味だという話と同じで、頭の中だけで切り捨てようとするより、より根本的に、物理的切り捨てをすることでずっと大きな効果を得られます。

物理的切り捨てとは、たとえば漫画を全部売り払ってしまうとか、ゲーム機を誰かに預けてしまうなどして、やりたくてもできなくしてしまう方法です。

娯楽は、制限ではなく遮断するべきですが、物理的切り捨てを実行すれば、遮断を確実なものにすることができます。

とはいえ、自分の娯楽に関わる大切なものをすべて売り払ってしまうというのは、なかなかハードルが高いことです。そもそも作業をするときだけ、それらの娯楽を切り捨てたいわけなので、完全に処分してしまう必要まではないわけです。

〝一時的な切り捨て〟ができれば、それが合理的です。

どうすればいいかといえば、「作業をする場所から娯楽品を遠ざける工夫」をするだけです。机の環境を作業しやすいように変えるのと同じ感覚でいいわけです。

これは、必ずしも距離の遠さのことを指しているわけではありません。その娯楽品を手に取るためには、ある程度の手間や労力がかかるような状態にしておくことができれば、それだけでも有効です。

漫画であれば、売ってしまわなくても少し遠ざける。すぐに手を伸ばせるところに置いておくのではなく、別の部屋にしまっておいたり、鍵《かぎ》をかけたカバンや引き出しの中に入れておくなど、すぐには取り出せないようにするだけでもいいのです。

ゲーム機でもそうです。完全に処分してしまわなくても、ゲーム機、あるいはゲームソフトやコンセントなどを誰かに預けておくだけでいいわけです。

そうすれば、楽しみはあとに残しておくかたちで、一時的に娯楽を遠ざけて、作業に集中できる環境をつくれます。

●「時間対効果」の高いマトリョーシカ方式

パソコンでの作業中につい画面を切り替えてネットサーフィンやゲームをしてしまうという人でも同じです。

インターネットにつなぐアイコン（ショートカット）をなくしたり、見たいサイトにワンクリックでつなげないようにするためにブックマークを削除するのも有効です。

パソコンや携帯電話などで行なえるゲームもそうです。また再開できる方法があるなら、一時的にゲームをアンインストールしておけば確実です。

アンインストールまでしなくても、ゲームを始めるためのアイコンをフォルダに入れておくだけでも違ってきます。

ネットサーフィンにしてもゲームにしても、始めるためにひと手間、ふた手間かかるようにしておけば、それが抑止力になります。

私自身、仕事や勉強に集中したいときには、すぐに手を出したくなるような娯楽は「マトリョーシカ状態」にしておくことで集中状態を保っています。

マトリョーシカとはロシアの人形で、外側から内側まで何層もの入れ子構造になっているものです。大きな人形のなかからひと回り小さな人形が出てきて、そのなかからまた小さな人形が出てきます。いちばん内側にある芯《しん》の部分の人形は、何層もはがしていかないと出てきません。それと同じように、作業の邪魔をしそうなあらゆるものをマトリョーシカの芯のようにしておきます。

アイコンを入れたフォルダを二重、三重にしておけば、まさにマトリョーシカ状態です。

ゲームのコンセントを誰かに預けたくても預ける相手がいないようなときにも、この方法を応用できます。たとえばゲームとテレビをつなぐコードをすべて外して、一本一本を別の場所にしまっておくようにするのもいいでしょう。どれか一本のコードを取ってきてつなぐだけではゲームを始められないので、これもやはり違ったかたちのマトリョーシカ状態です。そうして環境面を考え、物理的な部分を工夫することによって、否《いや》応《おう》なく娯楽を遮断できます。

簡単に娯楽を始められなくする方法は、単純なものから手間がかかるものまで、アイデア次第です。たとえば自宅に住む受験生であれば、ゲーム機を親の部屋に預けておくというのも、最も簡単でありながら最も効果の大きい方法になります。

実行するためのハードルが高いほど、ついやってしまうことをなくせます。

私の場合は、とくに受験期のときなどは、部屋のテレビをつい付けてしまって勉強時間を失わないために、テレビの外側から何重かにポリ袋をかぶせておくなど、他人が見たらふざけているのかと思われかねないほど極端なこともやっていました。しかし、そのおかげでここぞというときには、よそ見をしないで集中できたのです。

やり方によっては準備に多少の手間はかかりますが、その後の一〇時間、あるいは一週間の集中を得られると思えば、惜しい手間ではありません。作業に集中したい期間が長いのであれば、費用対効果ならぬ「時間対効果」の高い方法論になります。

本当に集中したい勝負のときにはオススメできるので、こうしたマトリョーシカ化を試してみてください。それによって最高の集中環境を整えられます。

●「望ましくない未来」の遠ざけ方

マトリョーシカ化の手法にも通じる「ハンコ」にまつわる興味深い話があります。

印鑑には「どっちが上で、どっちが下か」がすぐわかるようにするため、上側のところに印やくぼみが付いているものが多くなっています。しかし、高級な印鑑にはそれがわかりにくくなっているものがあるそうです。

なぜかといえば、高級品のハンコは実印として使われることがほとんどだからです。実印を押す機会というのは、人生の中でも重要な選択をする場合であることが多いものです。そのときに一秒でも長く「自分の決断は正しいのか」「後悔はしないだろうか」と考える時間をつくれるようにするため、あえて印をつけておかないというのです。

使う人の気持ちに立った工夫にうならされるエピソードです。

この考え方もやはり、「マトリョーシカ」の手法と同様で、実行までのハードルをあえて上げておくことによって、望ましくない行動をとらないように制御しているわけです。

悪質な契約にうっかり印を押してしまうのも、仕事や勉強をしなければいけないのについ遊んでしまうのも、それによって導かれるのが望ましくない未来であるという意味では同じです。

作業に集中したいとき、やってしまいたくないことは、なるべく遠ざけておいて、望ましい結果を摑《つか》みやすい環境をつくり出すことが大切です。

●「プライミング効果」と、それぞれの「儀式」

集中力の質に関しては、いかに切り替えられるかという「スイッチ力」も問われます。

仕事でも勉強でもそうですが、ひとつの件から次の件へと切れ目なく移ることもあれば、一度、休憩を取って作業を再開することもあります。そうしたときにすぐに脳のスイッチを切り替えて集中モードに入れる人が時間をムダにしないで高い生産力を発揮できます。

こうしたスイッチ力を環境によって高める方法があります。

私たちの脳は、自分たちも意識していないところで、情報の関連付けを行なっています。たとえば子どもの頃によく遊んでいた場所にひさしぶりに行くと、なんとなく当時の気持ちが思い出されてくる場合が多いものです。それは場所と思い出が関連付けられているからです。その応用です。

記憶の性質として「プライミング効果」と呼ばれるものがありますが、簡単にいえば関連付けのことです。

わかりやすい例を挙げれば……。「首を長くして何かを待っていることを四字熟語で何と言うか？」という質問をしたあとに（答えは「一日千秋」など）、「なんでもいいから動物の名前を挙げてください」と問えば、「キリン」という答えが返ってくる確率が上がります。また、やった経験がある人も多いと思いますが、「ピザと一〇回言って」と、早口言葉のように言わせたあとに「ここの名前は？」とヒジを指すと、「ヒザ」と答えやすくなります。

このように、ある情報が、そのあとに続く情報を処理するときに影響を与えることはプライミング効果と呼ばれます。

記憶というものは、単独の情報ではなく、周辺の情報とセットで貯蔵される性質を持っているため、こうしたことが起こります。

これに似た関連付けを、集中につなげている人たちがいます。

たとえばイチロー選手は、打席に立つと毎回必ず、バットをぐるっと回し、左手で肩を触ります。これは、この一連の動作が、イチロー選手の中では、高いパフォーマンスを出せる自分の記憶とつながっているからのようです。

イチロー選手は打席に立つたび、この〝儀式〟を行ない、それによっていつでも高い能力を引き出せるようにしている、といわれています。

特定の行動と自分のベストな状態の記憶を関連付けることで、いつでも「ベストの自分を戻すことができる」という夢のような方法です。

イチロー選手に限らず、自分の気持ちをすばやく切り替えるための儀式を持っているスポーツ選手は少なくないようです。

たとえば、女子バレーボール日本代表の木村沙織《きむらさおり》選手は、ミスを引きずらずに気持ちを切り替える術《すべ》として、深呼吸をしながら、レシーブの素振りをするように手を組み、親指同士を重ねるという儀式を取り入れているようです。

この儀式を始めてから悪い流れを断ち切れるようになった、と眞鍋政義《まなべまさよし》代表監督がインタビューで話していました。

このように特定の行動によって望ましい自分の状態を呼び起こす関連付けを活用すれば、いつでもベストの集中力で物事に臨むことが可能になるのです。

●「好きな曲」を使って集中するメソッド

環境面から関連付けを行なう場合、「音楽」をアイテムとするメソッドがあります。

最初に自分の好きな一曲を選びます。

普段作業をしているとき、「あっ、いま自分は集中できているな」と思ったら、すかさずその曲をかけるようにします。それを繰り返していくうちに、その曲と集中している自分の記憶が脳内で強固に関連付けられていきます。

そうなれば、作業前にその曲をかけるようにするだけで、集中した自分の状態が思い出されて、やる気の高い状態をセットすることができるようになります。

関連付けの段階から始めているので、過去の経験は問わず、自分の好きな曲を〝集中するための儀式曲〟にできるのも利点です。

このメソッドを活用して、仕事や勉強でヒットを連発するための最強の集中力を手に入れてください。

●「心の場所」の設定

私たちの生産力は、目に映るもの、耳から聴こえてくるものなど、絶えず周囲の状況から影響を受けています。

たとえば勉強しているとき、すぐ傍でものすごい音がする工事が始まれば集中力は落ちます。勉強している横で友達が自分の好きなテレビゲームをやっていたとしたら、やはり集中は乱されます。

そうしたことに振り回されないようにしようと頑張っても、五感を通して入ってくる情報から完全に逃れることはできません。それでも、五感から受ける集中への悪影響を、工夫によって〝減らす〟ことは可能です。

環境による悪影響を逃れるには、五感から受ける情報をうまくシャットアウトする力が必要です。そのために有効な方法のひとつが「心の場所」を意識することです。

いま、実際に自分がいる場所を「物理的な場所」とします。

それに対して「心の場所」とは、それとは関係のない〝自分が最も集中できる場所〟のことです。

自分の部屋の机がそうだという人もいれば、行きつけのカフェがそうだという人もいることでしょう。実際に作業や勉強をしたことがある場所のなかから「集中できた」という感覚を持てたところを選びます。

そして、実際に自分がいる物理的な場所は問わず、いつもその心の場所にいることをイメージするようにします。

このとき、その心の場所の風景をありありと思い浮かべて、実際の視界と重ね合わせて、上から塗り替えるようにイメージすると、より効果的です。

本来の心の場所で聴こえてくる音があるとすれば（ＢＧＭに限らず、ざわざわした話し声や空調の音などもそうです）、その音を頭の中で再生するようにできれば、さらに効果が増します。

いま自分がいる場所の環境に左右されないために、自分の視界と音の環境を、お気に入りの環境に上書きしてしまうのが目的です。

うまくそれができるようになると、五感をシャットアウトしているのに近い状態になれます。歩きながらでもそうなれるので、注意しなければ危険なくらいです。

環境そのものはコントロールできなくても、それを受け取る自分の五感情報は、ある程度コントロールできるのです。

●環境に左右されない、安定した集中力

心の場所を意識する手法を思いついたのは、どんなに環境が悪い場所でも高い生産力を維持できるように「集中の安定度」を高めたい気持ちになったことからでした。

高校時代の私は集中の安定度が低く、特定の場所や環境でないと集中を続けることが

できなかったのです。それでも大学受験の勉強をしているうちは、自分の部屋や学校など、限られた場所で勉強をすることがほとんどなので、それほど問題はありませんでした。移動時間も惜しいほど切羽詰まった状況になった卒業試験の際には移動そのものを減らしたというのは先にも書いたとおりです。

しかし、仕事になるとそうはいきません。通勤や打ち合わせなどのため、どうしても移動する時間が増えます。そうしたときにも集中を保ち、アイデアや戦略を練られるようにするためには何かの対策を考える必要があったのです。

そのときにも私はいろいろな方法を試してみましたが、そのなかで最も集中の安定度を高める効果があったのがこの方法だったのです。

自己改善のためのアプローチには「自分の内面を鍛える方法」と「環境を調整する方法」の二種類がありますが、このやり方は二つを融合させたものだといえます。

脳のパフォーマンスは、周りの環境から影響を受けるのが通常です。

集中力が落ちるのは、騒音がうるさいといった状況に限られるわけではありません。部屋の明るさや広さ、視界に入っているもの、机が整理整頓《せいとん》されているかどうか、というように、さまざまな細かい要素から少しずつでも影響を受けています。

一つひとつの要素の影響は小さくても、集中しづらい要素がいくつか重なれば、はっきりと集中のさまたげになっていきます。

机の環境を考えることが重要なのもそのためです。仕事や勉強など作業をする場所は、可能な限り、集中しやすいように変えていくことが大切です。

しかし、自分の領域といえる場所でなければなかなかそれはできません。思うように環境を変えられないときなどに、心の場所を意識する手法が効果を発揮します。自分の部屋など、環境を変えられる場合であっても、環境を変えたうえでこの手法を用いれば、相乗効果でさらに安定した集中力を発揮できるようになるので効果的です。

●現実世界の知的生産に「フィクションの世界」を活かす方法

心の場所とするのは、自分の部屋の机や行きつけのカフェなどでいいわけですが、実際に作業をした経験がある場所に限らず、テレビで観たことがある場所、あるいは小説や映画などに出てくるフィクションの場所でも構いません。

フィクションの場所を設定するなら、できるだけ〝非日常的な場所〟にするのが効果的です。私自身もそうしています。

私はゲームが好きで、ゲームの世界観に身を置くことで楽しい気分を得られるため、お気に入りのゲームの世界の風景を心の場所として設定することで、仕事のモチベーションを上げています。ゲームファンならご存知かもしれませんが、『ゼルダの伝説』のハイラル平原や『ＦＦＸ』の大都市ザナルカンドなどです。

仕事を始める際、こうした場所のなかからどこかを選んで、「いま、自分は○○にいる」と思い浮かべます。その情景や風景をリアルにイメージすることで、周囲の環境を問わず、自分が集中しやすいようになるのです。

ゲームに限らず、好きな映画や小説や漫画などでも、印象に残っている好きな風景があれば、そこを心の場所に設定すればいいわけです。

現実の世界でもフィクションでも、まず自分がやる気を得られる場所を見つけてください。そしてこの手法を用いるようにすれば、移動時間などでも高い集中力でアイデアを練ることなどができるようになります。

●自分の「ゾーン」は、広くするのではなく狭くする

生産性を高めていくためには「なるべく多くのことに興味を持って、自分を広げていくしか方法はない」という言い方がされることがあります。

しかし、これは誤りです。

自分を広げていくことも必要ですが、生産性を高めて成果をあげるためには、まず絶対的に〝自分を狭める時間〟が必要なのです。

前出の大前研一さんは「発想を飛躍させるためには、まず自分の事業領域や〝狩り場〟を極限まで突き詰めて、狭くしていかなければいけない」という言い方をしています。

高い生産性を発揮して、突き抜けて成長するためには、自分の領域や興味を広げていくよりも、狭めて尖《とが》らせることが重要になるのです。

こうした考え方にもとづいて、一日の作業の中で自分の「ゾーン」を狭めて集中するコツを紹介します。

いかに狭いゾーンに、自分の身を置けるかがカギになります。狭めるポイントは「種類と地理」です。

最初の心がけとして、その日、自分がやることの種類（行動の種類）を、意識的に狭めていきます。そのためには、他の余計なことはどんどん削《そ》ぎ落としていくことが必要です。

一日のはじめに「自分は今日はこれをする人になる」と明確に範囲を定めます。自分の仕事の業務内容や試験の科目などです。

そして、一日を過ごすなかでそれ以外のことがちょっとでも出てきたら、冷酷なまでにそれらをすべてバッサリ切り捨てて、忘れるようにします。

邪念といえるものではなく、仕事や勉強に関することでも例外にはしません。

一日のはじめに定めた狭い自分の行動範囲のゾーンを強く意識して、絶対にそこから出ないようにするのです。

三六五日ずっとこのような仕事のしかたを続けるのは無理でも、こういう「狭める日」を意識的につくるようにするのは極めて重要なことです。それは脳という資源は有限であり、それを働かせる範囲を狭めることでこそ、その分深く、高い集中力を発揮できるからです。

つまり、自分の行動範囲を狭めるのは、脳のリソースをそこに集中させるためなのです。

●「動くエリア」の意識

行動の種類を絞ることは、もうひとつのポイントである地理を狭めることにもつながります。その日の自分の行動範囲がしっかり狭まったら、自然と自分が動くエリアも狭まってくるはずです。

自宅と職場の往復ルートだけをそのエリアに絞ることを基本として、何かの用件を済ますための必要最低限の寄り道として「どこまで」と決めておくこともできます。

さらに考え方を少し変えて、机や棚に立てている資料や勉強道具のどこからどこまでを使うというようにエリアを絞ることもできます。

机の環境づくりともつながってくることですが、机というエリア、さらに机のうちの一定のエリアからはみ出していかないようにするのが大切になります。

そのように「その日、自分が動くエリア」「使用するエリア」をしっかり狭めて意識しておくことで、その日一日の仕事や勉強への集中度が大きく高まります。

このエリアから外れた場所にあるのは、ほとんどの場合、作業を滞らせる娯楽や暇つぶしです。たとえそうではなくても日々の生産力を下げてしまう要素です。そうした甘い誘惑に引っかからないようにしなければなりません。

自分をハンターに見立てて、「狩り場」を狭くするのにも似た意識を持つことが大切です。そうした意識を持って、集中する力を鍛えていくことで、より多くの時間を手に入れられるようになるのです。

●人生にとっての重大な場面を乗り切るための「狩りモード」

私にとって、これまでに経験した最大の正念場は大学の卒業試験のときだったというのは先にも書いたとおりです。

仕事や執筆も行ないながら三六科目の試験すべてに合格しなければならなかったわけですが、なんとかそれを乗り切れた理由のひとつは、自分をハンターに見立てて〝狩りの感覚〟を持つようにしていたことでした。

このときの私は、時間の使い方を工夫するだけでなく、抜本的な意識改革が必要だと感じていました。そこで、自分の意識を通常モードから「狩りモード」へと変えようと思いついたのです。

ハンターがその日の食料を必ず手に入れるというような目的を持って狩りに挑むように、〝三六個の合格という標的〟をすべて狩っていく意識になっていました。

標的を狩る、成果を狩る、という発想を持っておくと、一つひとつの課題をクリアしたときの喜びや達成感が高まります。

『モンスターハンター』というゲームが驚異的なヒットを記録して社会現象にまでなったように、人間、とくに男性は、「狩り」という感覚を本能的に好む部分があるのだと思います。「狩って集める」という感覚は、生活の中に刺激と楽しみを付加してくれます。

どんな状況にあっても、どこかに〝楽しむ要素〟を入れることが重要です。

私は狩りの感覚をもって、膨大な科目の勉強を少しずつ楽しみに変えていくことができました。そして、結果的に無事、留年せずに卒業することができたのです。

第5章　ワンランク上のパフォーマンスを獲得するために

●「楽しむ気持ち」になるための努力

〝ブラジルの至宝〟と呼ばれるサッカー界のスーパースター、ネイマール選手のスパイクには「ALEGRIA」と刻まれています。

これは「楽しみ」という意味のブラジルポルトガル語で、「どんなにつらくても、サッカーを楽しめ」という父親の教えを大切にしていることからのようです。

「サッカーを楽しむことを常に忘れないように心がけている」

とネイマール選手自身もインタビューで話しています。

あれだけのスーパースターであれば、さぞかし毎日が楽しいだろうとも思われますが、スーパースターであるがゆえの苦悩の大きさは我々の想像を超えるはずです。

短いあいだでもゴールが挙げられない時期が続けば、ファンから痛烈な批判を浴びせられ、メディアからも厳しい批判記事で叩《たた》かれます。サッカーの王様、ペレ氏が「ネイマールはブラジルの10番にふさわしくない」と言っていた時期もあるくらいです。

天才といえども、一人の人間です。そうしたときには誰だってつらくなり、自分のやっていることを純粋に楽しむ気持ちも失われてしまいます。

しかしネイマール選手は、常に楽しむ気持ちを維持できているからこそ、あれだけ非凡な活躍を続けられているわけです。

楽しむ気持ちは、ただ普通にしていて維持できるものではありません。最初のうちは楽しかったとしても、結果が出なかったり、批判や非難を浴びれば、次第につらさが大きくなっていき、やがて楽しさも消えてしまいます。

そうしたときに自分の気持ちを問い直し、〝努力して〟楽しむ気持ちを維持していく必要があるのです。

ともすれば楽しむ心がかき消えそうなところでネイマール選手が戦っていることが「ALEGRIA」の文字から窺《うかが》えます。

サッカーに限らず、一般的な仕事でもそうです。

自分の仕事を常に楽しんでいられたなら最高ですが、いつでも楽しんでいられるほど、仕事はあまいものではありません。それでも、「つらい」と思って仕事や勉強をしていれば成果はあげられず、成績も伸ばしていけないものです。楽しむという気持ちのロウソクの火が消えてしまわないようにしながらやっていくことが大切です。

前章の最後に私は〝狩りの感覚〟で卒業試験に臨んでいたというエピソードを紹介しました。このときの私は、三六科目の一つひとつをクリアするたびに○をつけて「GET!」と書いていました。ゲーム感覚にも近い楽しむ気持ちを失わないように意識していたことでモチベーションを保てていたのです。

それが私にとっての「ALEGRIA」だったわけです。

●「自分の成長」という楽しみ

楽しむ気持ちは努力して維持しなければならないときもあるわけですが、楽しむ気持ちがあれば、仕事の生産力を高め、勉強の効率を引き上げることもできます。

仕事は趣味ではないのだから、楽しもうとするのではなく、プロ意識だけをもって臨めばいい、という考え方もあります。もちろんプロ意識は大切ですが、それでもやはり、日々生きていくなかでは楽しみを見出《みいだ》すことが重要です。

漫画『ワンピース』の作者である尾田栄一郎《おだえいいちろう》さんも、雑誌のコメントで次のように話していたことがあります。

「好きな事を仕事にしてはいけない、はウソ。ずっと好きな事をした方が楽しいにきまっている」

合計発行部数三億冊を超える伝説の作品を生み出した力は、やはり楽しむことにあったわけです。

仕事の生産性を上げるための楽しみは「仕事の中」と「仕事の外」に大きく二分できます。そのどちらか、できれば両方で楽しみを見つけられるようにするべきです。

仕事の中に楽しみを見つけるなんて難しいと思われるかもしれません。やっている仕事そのものが好きだとはいえない人ならとくにそうでしょう。

しかし、「仕事が楽しくない」というのは、その仕事の表層的なところだけを見ているからそうなっている場合が多いものです。

仕事の中の楽しみとして、最も見出しやすいのは「自分の成長」です。

たとえ仕事自体が楽しめなくても、よりうまく仕事ができるようになっていく自分の成長に目を向けてみれば、そこに楽しみを覚えられるものです。勉強も同じで、勉強そのものが好きになれなくても、点数をあげていくことを楽しめばいいわけです。

私が狩りの感覚で卒業試験に臨み、科目をクリアするたび、「GET！」という喜びを得ていたのも同じことです。そうして仕事や勉強で成長している自分に喜びが見出せたなら、その人の生産力や成績は必ず伸びていきます。単純にいって、そういう喜びがあれば、それだけで仕事や勉強に充てる時間をぐっと増やせるものだからです。

●「挑戦する気持ち」と「努力のモチベーション」

医学部の卒業試験のときに限らず、どんな勉強をする際にも、私がいつも信条にしていたことがありました。

それは「挑戦の環境を常につくる」ということです。

勉強というのは、ほうっておくとすぐに、挑戦ではなく単調な作業になります。たとえば、「一年後の司法試験に絶対合格するぞ！」という挑戦を思い立ったとします。最初の数日間は、それに対する挑戦の意欲をもって勉強できますが、一週間か二週間もすると、挑戦の気持ちは薄れてしまいます。そして次第に「延々と続く勉強のつらさ」がまさっていくのです。

それもそのはずで、勉強自体は挑戦への過程に過ぎず、ページをめくり続ける単調な作業です。そのなかには挑戦の要素がないからです。

勉強の内容が面白く、「知的好奇心があふれて止まらない」という場合は別ですが、そういったケースはそれほど多くはないはずです。

試験や資格への挑戦などで結果を出すためには、あまり興味を持てないような分野でも勉強しなければならないものだからです。

挑戦する気持ちがあれば、努力するモチベーションになりますが、その気持ちを維持できなければ努力は続けにくくなります。

だからこそ、挑戦の気持ちが薄れないようにする方法を考える必要があるのです。

●自発的なタイムアタック・チャレンジ

そのためには、仕事や勉強の中に挑戦が生まれるように工夫することが大切です。

私の場合でいえば、勉強の中に「タイムアタック・チャレンジ」と呼ぶべきものを取り入れていました。それも工夫のひとつです。

たとえば、参考書を三〇ページ読むというとき、ただ漫然と読んでいればただの作業ですが、五ページに一ページくらい、「このページは一分で読む」「一分で覚える」というチャレンジページにするのです。そうすると、長く続く勉強の中にも適度に〝ちょっとした挑戦〟を挟むことができます。

一分のチャレンジのうちに最初は途中までしかできなくても、何度目かにできるようになれば自分の成長が実感できます。それが楽しみになるわけです。

学校でも、中間テストや定期テストのほかに、授業中にちょっとした「小テスト」を行なうことがあります。

これにしてもやはり単調になりがちな授業の中で生徒それぞれが自分の実力を測るようにするチャレンジの機会を挟むための仕組みといえます。それを生徒が楽しんでいるかは別にして、そこに緊張が生まれます。

普段の勉強の中にも小刻みにタイムアタックなどの挑戦を挟んでいけば、目標を立てたときの思いを失わず、努力を続けやすくなります。

●ハングリー精神で獲得する成功

結果を求めて邁進《まいしん》し続けるための原動力になるのは、状況などには縛られないハングリー精神といえます。

アップル創業者である故スティーブ・ジョブズ氏によるスタンフォード大学の卒業式辞は伝説にもなっていますが、そのスピーチはこう締め括《くく》られています。

「Stay Hungry. Stay Foolish（ハングリーであれ、愚かであれ）」

スティーブ・ジョブズ氏に限らず、単発の成功ではなく長期にわたって成功を維持した人たちは、ハングリー精神を原動力としています。

そして、成功してからもそれを失わなかったということが共通項になっています。

フィギュアスケートの皇帝、エフゲニー・プルシェンコ氏も、幼少期は「朝食と夕食を合わせてリンゴ一個」というほどの極貧の家庭で育ったといいます。そこから暮らしを豊かにしようという強烈なハングリー精神で這《は》い上がり、オリンピックで金メダルを獲《と》るまで登りつめています。

巨額の収入を得てからは一二〇〇坪三階建ての豪邸を購入し、一頭が一億円ほどもするチベタンマスティフという犬を二頭も飼っているそうです。ハングリー精神を糧に大きな富を得た代表的なアスリートの一人といえるでしょう。

セリエAのビッグクラブ、ACミランで活躍する本田圭佑《ほんだけいすけ》選手もインタビューの中で次のように答えていました。

「お腹いっぱいになったら、ご飯食べないでしょ、皆さん。常に何かに飢えているという状況が、サッカーだけでなく、いろんな業種に必要なんじゃないかと思います」

それでは、本田選手の言う「常に飢えている状態」というのは、どのようにすればつくり出せるのでしょうか。

成功の原動力となるハングリー精神を保つためには、満足の量をうまく調整しながら、「常にちょっと足りない状態」に保っておく必要があります。

自分に満足を供給しすぎてしまうと、満たされてしまい、もっと頑張ろうという気持ちが湧き起こりません。

そうならないようにするため、遊びや贅沢《ぜいたく》の部分はあえて「ちょっと足りなめ」で切っておき、不足するぐらいに調整します。

もともと仕事や勉強が忙しく、遊びが足りない人ならそのままで大丈夫です。

そうして日々の満足がちょっと足りない状態をつくり出しておくと、必然的に多少のつらさが出てきます。そのつらさこそが、高みに上っていくための原動力になります。

要するに、もっと遊びたいと思うのなら、その気持ちをハングリー精神につなげて、それを推進力にするわけです。

これをしないと、ただつらいだけで終わってしまいます。

遊べないつらさに限らず、物事が望みどおりにいかないつらさも、ただ受け入れて耐えるのではなく、それを「飢え」というバネにして、さらに上を目指すための材料にします。

●誰にでもできる「メンタル管理術」

目の前の状況にくじけず、マイナスの要素をプラスの材料に変えていくためには「イメージ変換」の技法を用いるのが有効です。

何か良くないことがあっても結果だけで落ち込むのではなく、〝違った見方〟をすることで前向きな姿勢でいられるようにするわけです。

私はもともと、何かがうまくいかなかったり、望む結果が出せなかったりしたときには、すぐに落ち込んでしまい、それを改善するための行動にはなかなか移れないタイプでした。しかし、大学受験中にイメージ変換ができるようになり、その部分を直すことができたのです。

志望校を定めてから合格するまでのあいだにうまくいかないことは何十回とありました。高三の春に受けた東大模試においてE判定が出たこともあったというのは「はじめに」で書いたとおりです。

最初のうちは悪い結果が出るたびにいちいちへこんで、やる気を失っていましたが、そうして足を止めていれば、そのたびに時間は減っていきます。その時間が惜しまれるほど、一刻の猶予もないところまで追い詰められていたのです。

たとえ模試の結果が悪かったり、自信のあった科目で失敗したときも、すぐにやる気を補充して努力のモチベーションを保たなければならない危機的状況でした。

その解決策を探っているなかで、良くない結果からハングリー精神を導き出すイメージ変換を考えついたのです。

一種のメンタル管理術といえるはずですが、これによって良くない結果がつきつけられたときにも、すぐに次の行動に移れるようになったのです。

それができるようになったからこそ、救われたといえます。

もし、こうした点を変えられていなかったとしたなら、大学受験に失敗していた可能性も低くはなかったはずです。

●失敗時の「失速」をふせぐイメージ変換

大学受験の際に私が考えついたイメージ変換の手法は絶大な効果があったといえます。

どういうやり方だったのかといえば、難しいことではありません。

どんな現実を目の前にしてもそこでへこまず、次のようなイメージ変換（言い換え）をするように心がけていただけです。

キーワードは、ハングリー精神にも通じるところが大きい〝渇く〟です。

・「合格判定が○％だった」→「○％だ。もっとパーセントが欲しい。渇く」

・「テストで三〇点しか取れなかった」→「三〇点だ。七〇点が欲しい。渇く」
・「ノルマを終わらせられなかった」→「ノルマをこなせる力が欲しい。渇く」

単純なようですが、足りないことを嘆くのをやめます。
そして、「もっと欲しい」という欲望に転化します。

このイメージ変換ができるようになるまでは、模試でE判定が出たようなときには、「合格判定が〇%だった。これでは全然ダメだ」と自分を責めて、やる気をなくしていました。しかし、このメソッドを実践するようになってからは違ってきました。同じような現実を突き付けられたときにも、「もっとパーセントが欲しい」と、改善の努力へ意識を向けられるようになったのです。

最初はこの「もっと〇〇が欲しい、渇く」といった言葉を、頭の中だけでイメージするのではなく、紙に何度も書いていました。

それによって、こうした意識を自分の中に焼き付けていたわけです。

渇くということに対しては単に言葉として思い浮かべるだけでなく、本当にノドが渇いたときの感覚を思い起こすようにもしていました。

なるべく〝リアルな渇き〟を感じるように心がけていたのです。

このメソッドによって、失敗したときの失速を防ぐことができ、全体的な作業効率を上げられるようになったのが受験においては大きかったといえます。

●「昇華」を導く、魔法の言葉

水分が足りずにノドが渇いたとき、ひとは「水分がなくて悲しい」とは考えません。まず浮かび上がるのは、「水分が欲しい、手に入れたい」という行動への欲求です。

この感覚を活用すれば、いろいろなことを「渇き」と捉《とら》えられるようになり、そこから努力や行動への欲求を生み出すことができるのです。それを自分の中でうまくセットできるようになれば、とてつもない威力が発揮されます。

そのためには、満たされていない状態をいかにつくり出すかがカギとなります。つらいと感じるたびに、それを「渇く」と言い換えるだけでも、大きな効果があるのです。

「つらい」という言葉は単純な現状否定です。しかし、「渇く」という言葉は、それをなんとか解決したいという欲求を自分に呼び起こすための力になります。

満たされないとき、その欲求から、より高次元のところで自己実現を果たすようになることを精神分析学では「昇華」といいます。

そこでいう昇華を導くための魔法の言葉が「渇く」です。

つらいことがヤマほどあっても、それらのすべてを渇くと言い換えます。それによって、プルシェンコ氏らのように不遇に耐えて大逆転を果たす原動力になるハングリー精神を得ることができるのです。

●「頑張った記憶」をベースにする

どんな場面でもその日の調子に左右されず、高い生産力をキープするための方法もあります。それは、「自分がいちばん頑張っていたとき」にタイムスリップして、そのときの自分の状態を常にセットしておくようにすることです。

どんな人でも、人生のどこかで一度か二度は、必死に頑張った記憶があるはずです。

仕事や勉強に限らず、たとえば「スポーツに夢中で取り組んだ」「ゲームをクリアすることに取り組んだ」といったことでもいいわけです。

この「いちばん頑張っていたとき」は、趣味や遊びも含めたなかから、自分が一番夢中で何かをやっていたときを選びましょう。

そういうときを常に思い出し、何事を行なうときもそれをベースに取り組みます。

その意識を持つようにしていれば、自分のMAXパフォーマンスの状態でさまざまな物事に取り組むことができるようになります。

自分の原体験を大切にして、それをベースにして仕事をしていくことで成功した人も、もちろんいます。『スーパーマリオ』『ゼルダの伝説』『ピクミン』といった大ヒットゲームの生みの親で、米TIME誌の「世界で最も影響力がある一〇〇人」にも選ばれている世界的ゲームクリエイターの宮本茂《みやもとしげる》さんもその一人といえます。

宮本さんは二〇〇六年に受けているあるインタビューで「今までいちばんうれしかった事は何ですか？」と聞かれて、「うーん、なんだろう……。やっぱり大学受かったときですかね」と答えていました。その九年前に行なわれていたインタビューでも同じ答えをしていたため、宮本さん自身、「じゃあ大学合格以降、うれしいことなかったんや」と笑って続けているほどです。

宮本さんは、フランス政府から芸術文化勲章「シュヴァリエ章」を受章したり、スペインで最も権威ある賞とされる「スペイン皇太子賞」を受賞したりしていますが、それよりも大学合格のほうが嬉《うれ》しかったのかもしれません。だとすればやはり、その合格を勝ち取るためにそうとう頑張ったからではないかと想像されます。

●「原体験」が持つ力

宮本さんの言葉からは、「原体験」が重要な意味を持っていることが察せられます。大学受験もそうですが、それだけではありません。たとえばマリオやピクミンなどといったキャラクターの動きをつくるときにも、自身が幼い頃に遊んだ「こむぎ山」(天神山)での体験を原点にしているとも話しています。

そうしたいくつかの原体験が脳内に強くインプットされていて、いつでもそれらを引き出して自分の力にできる能力を持っていらっしゃるのではないかと思います。

タレントで陸上十種競技の元日本チャンピオンの武井壮《たけいそう》さんも、自身の原体験を大事にしながら日々の仕事に取り組んでいると話していました。

「自分が目指した世界で望みをかなえられたことが自分の原体験だ。だから、この新しい世界（芸能界）でも自分はやれるという自信になっている」というのです。

武井さんは、バラエティ番組で活躍するようになるとすぐに一年間三六五日のうち大みそかを除いた三六四日、一日も休まず仕事をするほどの引っぱりだこ状態になっていました。

四〇歳になるかならないかといったタイミングでそれまでとはまったく違う世界にチャレンジするのは大変なことです。しかし、強烈な原体験から生まれる自信があったからこそ、それだけの頑張りが可能になったと考えられます。

●「やらなきゃいけない」は危険信号

仕事や勉強をしているなかでは、強い意志を持ち続けることが大切ですが、一見、プラスのようでいて、実際のところは絶対に避けなければならないこともあります。

それは、その作業を「やらなきゃいけない」という思いを持つことです。

矛盾して聞こえるかもしれません。

何かを「やらなきゃ」と思う気持ちがあるなら、意識がその作業に向いているのだから心配ないのではないか、と思われた人も多いことでしょう。

しかし、頭の中でやらなきゃと思うことと、実際に行動に移せるかどうかは、本質的にまったく別の次元の問題といえます。

やらなきゃいけないのはわかっているのに、ダラダラと先延ばししてしまい、実際にはやっていなかった経験は、多くの人が持っているのではないかと思います。

やらなきゃいけないという思いを持つことがなぜ危険なのでしょうか？

それは、そう思ったということがそのまま「やらなきゃいけないのにやれていない状況」を示すサインになっているからです。

そして、そんな状況を直視することになると、自己防衛として言い訳を考えるようになるなど、焦るばかりで精神が疲弊してしまいがちになります。

私にしてもやはり、勉強でも仕事でも「やらなきゃ、やらなきゃ」と自分を追い込んでいくタイプだったといえます。

しかし、やらなきゃと自分を追い込んだ日に限って、二〜三時間もダラダラしてしまったり、気持ちが疲れて仕事が進まないといった失敗が繰り返されていました。

そういう日には夜になると自己嫌悪に陥り、「なんでうまく進められなかったんだろう」と悩んでいました。頭の中でその日一日を追体験しながら、「いちばんダメだった瞬間」を洗い出すようにしていたのです。

それによって、わかったことがありました。それは、ダメな日は決まって、「やらなきゃ」から「やる」にすぐに移れていなかったということです。

やらなきゃと思うこともないまま、すぐに作業に取りかかった日には長時間集中が続いているのに、やらなきゃと思ってから実際に始めるまでに時間が空いてしまった日には、まったく作業がはかどらなかったのです。

時間が経っても始めないことによって、気持ちが「やらなきゃ」↓「やらなきゃ。だけど、やれていない」↓「やるべきことをやれないダメな自分がいる」とネガティブなほうへと傾いていきます。その感情によって作業がさまたげられていたのです。

●「追い込み」のプラス効果とマイナス効果

それとは逆に、長時間集中できて作業効率も良く、うまくいった日は、「やらなきゃ」という意識はまったく持たずに作業をしていたことに気がつきました。

この結論に至ってからは、何かを「やらなきゃ」と過度に思うことはやめました。そういう思いが頭に浮かんだときは、それを反省して、なんとか実行に移そうとするのではなく、いったんその思いを消すようにしたのです。

それによって、実質的に集中できないダメな日の頻度はずいぶん低くなりました。

自分にプレッシャーをかけて追い込むことにも効果はありますが、プラスの追い込みとマイナスの追い込みの二種類があることは理解しておくべきです。

自己否定へとつながりかねないマイナスの追い込みには注意が必要です。

日常的に「○○をやらなきゃ」と考えることは多いと思いますが、その段階ですでに落とし穴にはまっているといえます。

本当にやる気があれば、そういう思いを持つ前に始められているのが普通だからです。

やらなきゃと思っていながらやれていない状況そのものが問題であり、内心それに気づいているため自分を責めてしまうことがストレスの要因になります。

●「やらなきゃ」のタイムリミットは一秒

ボクシングの試合でも、大きく体力を消耗してしまうのは、攻めようとしているときのパンチの「空振り」だといいます。

空振りをしたあとに元の構えに戻るには、体幹の筋肉などを強く働かせる必要があります。そのため、本気のパンチを空振りするのは、サンドバッグやミットを打つよりもはるかに体力を消耗するそうです。空振りが続いていれば相手にダメージを与えられないのに、自らは体力的にも精神的にも甚大なダメージを受けてしまうわけです。

何かをやらなきゃと思っていることもそれに似ている気がします。

「やらなきゃ、やらなきゃ」と、心の中で気持ちのパンチを何回打ちこんでも、いつまでも実行というヒットにはつながらず、ひたすら空振りばかりが続きます。

ボクシングの空振りは、素人が見ていても、いかにも体力を消耗しそうなのが想像できますが、やらなきゃという気持ちもそれと同じように精神的な消耗が大きいものだといえます。

結論としていえるのは、やる気やエネルギーを保つためには、「やらなきゃ」という気持ちを長く持たないようにするべきだということです。

目安としては、やらなきゃと思ってから「一秒以内」に実行に向かえるかが分かれ目になります。

一秒はあまりにも短いと感じられるかもしれませんが、それで実行できないなら、リセットするべきです。

少し時間を空ければ、また、やるぞという気持ちが湧いてくるはずなので、そのときすぐに始めます。そのときも再び、すぐに始められないようなら、同じことの繰り返しになってしまうので注意が必要です。

やらなきゃと思ったときには、もうやっている状態が理想だからこそ、制限時間は一秒なのです。

●やる気を出す特効薬にもなるメソッド

「やらなきゃ」という気持ちがあることがマイナスの追い込みにつながるのに対して、プラスの意欲を持たせるための発想の転換方法もあります。

先に紹介した「渇く」と言い換えるメソッドに似ていますが、出発点が逆になります。「渇く」の場合、失敗を嘆いているのではなく、すぐに切り替えることを目的としていましたが、今度はそうではありません。

一見、「満たされている」「足りている」状況であっても、そこで立ち止まらずにその上を求める気持ちを強くするための言い換えです。

その方法は、「ある」という状況のすべてを「しかない」と言い換えることです。

たとえば一日は二四時間です。これを「二四時間ある」ではなく、「二四時間しかない」と言い換えます。

あるいは勉強で一日に一〇ページを進めたとすれば、「今日は一〇ページやった」ではなく、「今日は一〇ページしかしなかった」と言い換えます。

そのほかにも、いろいろなシチュエーションでこうした言い換えは可能です。

「やらなきゃ」という気持ちがあることはマイナスの追い込みにつながるわけですが、

この方法は「今日よりも明日はもっと！」という気持ちを搔《か》き立てるためのものなので、ポジティブで前向きなものになります。

このメソッドは、「数秒レベルの短時間に自分の思考（モチベーション）をぱっと上向きにできる方法はないか」と模索していたことから生まれました。

いわば、一瞬のうちに自分で〝やる気スイッチ〟を押すための手法です。

すでに紹介しているイチロー選手や木村沙織選手の儀式のように、何かしらの身体的なアプローチによってスイッチを入れられないかとも考えましたが、私の場合、そういう方向性ではうまくはいきませんでした。

ストレッチや深呼吸といった身体的なアプローチは、気持ちをリラックスさせるなど「静」の方向に自分を持っていくのに適していますが、一気にやる気を高めるような「動」の方向に自分を持っていくためには、別の方法が有効ではないかとも思いました。

音楽や心の場所を利用したメソッドでも集中力を研ぎ澄ますことができますが、数秒単位での一瞬で行なえる意識改革でいえば、こうしたメソッドが最も簡単でありながら効果が大きいと実感しています。いわば、やる気を出すための特効薬です。

●自分を変えるための「言霊」

思考は言葉で組み立てられています。そうであれば、表現を変えることだけでも考え方を変えることは可能です。

「人生は残り五〇年ある↓人生は残り五〇年しかない」
「今日はまだ一二時間ある↓今日はもう一二時間しかない」
「今日は三時間も集中できた↓今日は三時間しか集中していない」

わずかに語尾を変えているだけです。

同じ材料でもレシピが違えば、まったく別の料理になるのにも似ています。この言い換えは〝やる気を出すためのレシピ〟といえます。

私の場合、日常の中で変換できるものすべてを「……しかない」に言い換えて、「渇く」のときと同じように、それを何度も紙に書いていきました。

そうすると、「……しかない」という言葉が次第に自分の血肉になっていったのです。それで自然に「……しかない。急がなければ！　もっとやらなければ」という考え方をするようになっていき、以前より作業に集中しやすい体質になれたのです。

慣れてきてからは紙には書かず、自分の頭の中だけで言い換えるだけでもこうした意識を刷り込めるようになりました。いまでも私は、この方法によって自分に危機感を注入するようにしています。

この方法を取り入れる場合には、自分に暗示をかけるぐらいのつもりで続けていけば、より効果は大きくなるはずです。自分の頭の中で言葉を刷り込むようにしていけば、やる気スイッチはすぐにオンになるのです。

言葉の持つ力を「言霊」といいます。

自分を鼓舞して努力をうながす言霊を活用することにより、昨日の自分に勝てる今日の自分、明日の自分をつくっていけます。

それによって知的生産力をどんどん高めていけるのです。

●「名刺」を利用した意識コントロール術

言葉だけでなく、身の回りのものを活用してモチベーションを高める方法もあります。

たとえば、いま自分が関わっている人の「名刺」を常に机に並べておいて作業をするやり方もそのひとつです。

仕事をしている際には、ただなんとなくやっているよりも、相手先や関係者の顔が見えているほうが継続しやすくなります。

一週間以内に資料を作成してAさんに提出しなければいけないようなとき、Aさんとまったく会わないで作業する場合と、毎日Aさんと会いながら作業をしている場合をくらべてみてください。後者のほうがその仕事をちゃんと仕上げなければならないという意識が断然高くなるのがわかるはずです。

たとえその仕事に関する話はしていなくても、相手の存在を常に意識していたなら、気をゆるめることはできないからです。

仕事の種類によってはもちろん、相手とたびたび会ったり話したりする機会がないこともあります。そうすると、つい意識のうえでの優先順位が低くなり、その仕事を後回しにしてしまうケースが出てきます。

そうした先延ばしは、自分にとってもいい影響をもたらすことはありません。仕事がたまって負担になっていくし、だらけ癖につながっていくだけです。

それを避けるうえでも、仕事に関わっている人たちの存在は常に脳内に置いておくようにするのがいいわけです。

そのために有効なのが、名刺を並べることです。

現在、行なっている仕事に関わっている相手先や関係者の名刺すべてを用意して、それをいつでも目に入る場所（机の上など）に並べておくだけです。

そうすると常に「相手先の人が待っている」と認識されて、「早く頑張らなければ」「しっかりしたものを仕上げよう」という意識が強くなります。

ある種の暗示効果を期待しているという意味では、言霊とも発想は似ています。

人間は、意外に大事なことを忘れやすいものです。そのうえ、意図的にそれを忘れようとする心理もあります。

勉強にしても、明日がテストなので勉強しなければいけないのはわかっていながら、ついテレビを見てしまったりした経験は誰にでもあるはずです。

そうしたときは、勉強しなければいけないという情報を脳が遮断しているようになっています。そのように、やるべきことを忘れてしまいたがる脳にそうさせず、常にフレッシュなモチベーションを保つようにしてくれるのがこの方法です。

●「型破り」と「型無し」

少し話は変わりますが、歌舞伎役者の故・中村勘三郎《なかむらかんざぶろう》さんと落語家の故・立川談志《たてかわだんし》さんが同じような言葉を残しているのは興味深いところです。

「型のある人間が型を破ることを〝型破り〟といい、型のない人間が型を破ることを〝型無し〟という」

歌舞伎と落語という異なる世界で、伝統芸能の型を破って新たな世界をつくり出された二人が、同じような考え方をしていた意味は大きい気がします。

オリジナリティを発揮して突き抜けたことをやっていくためには、まずはしっかりと型を持つことから始める必要があるということを示した至言といえます。

がむしゃらに進めて型無しな仕事になってしまわないように、しっかりと型をつくって日々の作業に臨むことが重要です。

これは、一般的な仕事や勉強でも応用できます。

その場合、歌舞伎と落語などの世界の型とは違い、格式や様式美、個性などが求められるものではありません。

自分なりのスタイルがあればそれでいいのです。

私の場合、一日の仕事や勉強の進め方でいえば、作業に取りかかる前にまず全体の外枠からつくってしまうやり方をしています。

勉強でも、一日のはじめに「今日は三〇ページやるぞ」などと頑張ろうとする場合は多いはずです。しかし、それを実行するのが大変なわけです。最初に思っただけで、全然やれずにダラダラしてしまい、一日が終わってみたら三〇ページどころか一〇ページもやれていなかった……ということは、よくあるパターンです。

そうならないようにするため、「三ページ×一〇か所」と分けて考えて、各エリアごとに終わらせるイメージをしっかり持っておくようにするのです。そうすると、一日の作業にムラがなくなり、コンスタントに集中できるようになります。

工芸作品をつくる際には、石膏《せっこう》を使って外枠の「型どり」をすることから始めます。

歌舞伎と落語の世界の「型」とは少し意味合いが違いますが、私のやり方は工芸作品をつくる際の型どりにも似ていると思います。

具体的なやり方としては、その日行なうべきことをまず箇条書きでメモに書き出し、それぞれの仕事をどう進めてどう終わらせるかのビジョンを描きます。そして一つひとつの中身を埋めていく感覚で作業を進めます。

その日行なうことのリストができたら、それと同じ個数の大きめの四角を書いて、それぞれの四角を画面と見立ててその中で自分が仕事をするイメージを思い浮かべると、より効果的です。

長いスパンの予定に縛られるのはマイナスになることもあります。しかし、このやり方であれば、「枠の中を埋めていこう」という気持ちが働き、それぞれのエリアに向かい合うモチベーションが高まります。

もちろん、それが合うかどうかは人それぞれなので、〝自分なりの型〟を見つけていくことが何より大切です。

●「直感」は蓄積するもの

生産力や問題解決力を高めるためには、「直感力」「情報収集力」をつけておくことも大切です。

まず直感力です。

直感力というと、意味するところを絞りにくく曖昧《あいまい》な印象もあるので、その重要性はあまり広く認識されていません。しかし、生産力を高めるうえでも直感力は非常に重要な要素となります。

なぜ、直感力が重要なのでしょうか？

それは、正しい直感を持てれば、誤った方向への集中を防ぐことができるからです。

たとえば、新企画をスタートさせたときに、それが有効なものであれば集中することで成果を発揮しますが、まったくの見当違いのものだった場合、いくら集中してもすべてムダになってしまいます。

そうならないようにするため、直感力のサポートが重要になるのです。

集中力そのものを鍛えることとは別に、正しい解決策を瞬時に導き出す力を磨くことによって、間違った方向への集中を防ぐことができ、より集中効率を高めることができるようになります。

羽生善治さんは、著書『直感力』の中でこう書いています。

「直感は、本当に何もないところから湧き出てくるわけではない。考えて考えて、あれこれ模索した経験を前提として蓄積させておかねばならない」

将棋には、無限といえるほど膨大な手数があるので、パターン思考だけですべてを読むことはできず、最も直感力が必要とされる競技のひとつになっています。そんな競技で初の全七冠タイトル独占を達成した羽生さんはまさに〝直感力の帝王〟です。

その高度な戦略性や深い哲学があるため、ビジネス界でも羽生さんのファンを公言される方は少なくありません。

羽生さんは、直感の鍛え方に関して、「経験から直感を導き出す訓練を、日常生活の中でも行う必要がある」としています。

やはり直感はただの勘ではなく、日常的に訓練によって養うことができる、非常に高度な論理的思考の一種といえるわけです。

●テレビを観ながらやれる「直感力トレーニング」

それでは、普段の暮らしの中で直感力を鍛えるにはどうすればいいでしょうか？

直感力というのは、思考の深部に関する話であるため、言葉で表現しにくく、体系的に学びにくい技術といわれています。

それでも日常生活の中で手軽に直感力を鍛えられる方法があります。

それは、「数値の見当をつける習慣」を持つことです。

日常の生活の中で、数字に関する話が出てきたら、その数字を聞いてしまう前に、自分の感覚だけでなるべく近い数字を直感で当てられるようにトレーニングするのです。

誤解しないでほしいところですが、計算のトレーニングとは違います。

たとえば、テレビ番組ではよく、「この豪邸の値段は○億○千万円！」とか「この料理は○千○百円！」とか「この……に当てはまるのは一○○人に○人！」といった話が出てきます。

そうした数字が出てきそうなときに、それがクイズ番組でなくても、正解を当てようとしてみます。

答えや結果が出される前に、直感的に「どれくらいかな」と見当をつけるのです。

こうした数字を正確に当てるには、与えられた情報を自身の経験に照らし合わせて、即座に本質を見抜く力が要求されます。それがすなわち直感力です。

「スーパーマリオ」を創り出した天才クリエイター、前出の宮本茂さんも、数値の見当をつけることを習慣にしている人の一人です。

宮本さんは、「僕は昔から、モノの寸法を言い当てるのが好きで巻き尺をいつも持ち歩いている」とインタビューで話しています。目の前のテーブルの幅は一メートル二〇センチくらいだろう、などと見当をつけて、自身の感覚をブラッシュアップしているそうです。

これも、数値の見当をつけることが、クリエイティブ力を支える直感を鍛えるために重要だ、ということを示した一例ではないかと思います。

訓練を重ねて、どんなジャンルの話題でも、ある程度の正確さで数字の予測ができるようになってくればしめたものです。

不動産に強いとかグルメに強いといった専門性の話ではありません。どんなジャンルであるかを問わず、物事の背景にあるいろいろな情報を瞬時に判断できるようになる直感力を高めていくことを目的としています。

日常的な数字感覚のトレーニングによって、〝物事の本質〟を見抜く直感力を高めていくことができるのです。

●「情報収集力」と「情報選択力」

自分に必要な情報を、すばやく、より多く得るようにするための力も重要です。できるだけ多くの有益な情報を得られたほうが、自分が行なえる選択の幅が大きく広がるのは当然です。

情報収集力を高めるために大切なのは〝情報の質＝大きさ〟を意識することです。身の回りにあふれている情報には、「大きな情報」（重要な情報）と「小さな情報」（重要ではない情報）があります。一見、どうでもいいような情報の山の中に非常に重要な情報が眠っている場合も多いものです。

その意識がないと、「大きな情報」も「小さな情報」も、同じように取り入れていくことになり、時間と手間のロスが大きくなります。それをふせぐために、巷《ちまた》にあふれている情報の大小を判別し、大きな情報だけを優先的に取り入れる力が重要です。

ひとは誰しも日常的に「このニュースは大事だな」「このニュースはくだらないな」といったことを無意識のうちにも大まかに判定しています。この区分けをより意識的に、徹底的に行なうようにするのです。

「日本資本主義の父」といわれる明治から昭和にかけての実業家、故・渋沢栄一《しぶさわえいいち》氏も、情報を選ぶ重要性について、次の言葉を残しています。

「多く聞き、多く見て、その中より最も善きものを選び、これに従うて行作《ぎょうさ》せねばならぬのは中人《ちゅうじん》の常なり。されどあまり見聞のみを博《ひろ》くしても、その人に取捨の見識がなければ、選択の見当がつかなくなって迷うようになるものだ」

いくら潤沢な情報を得ても、そのうちどれが「大きな情報」なのかを判別できていなければ、その情報の多さが足枷《かせ》になって判断力が落ちてしまう。そういうことを教えてくれる名言です。

単にインプット量が多いだけではプラスにならず、生産力にはむしろマイナスの影響を及ぼしてしまうのです。

●情報は、選ぶのではなく捨てる

「大きな情報」「小さな情報」を意識するうえで重要なのは、大きな情報を探すことよりも、まず小さな情報を切ることです。

情報を選ぶときにはつい、重要な情報はどれだろうという方向から考えがちですが、いくら重要な情報がどれなのかがわかっても、ムダな情報の収集に多くの時間も費やしていたのでは生産性は上がっていきません。

羽生善治さんも「山ほどある情報から自分に必要な情報を得るには、『選ぶ』より『いかに捨てるか』のほうが重要なのである」と言っています。

つまるところ自分にとって重要な情報とは、すべての情報から重要でない情報を差し引いた残りなのです。

「重要でない情報」がどれかということがわかり、それらを捨てることができたなら、重要な情報だけを手に入れる時間を大量に確保できるようになります。

たとえば、テレビやインターネットのニュースは、話題自体が面白いと、ついなんとなく見てしまったり読んでしまったりします。しかし、「その日のトピックス」のように、配信者側が情報を選んでいるニュースの場合、個人にとって重要なニュースというものは、そのうちのごく一部に限られるものです。

流れてくるタイプのニュースを漫然と読むのはやめて、「どうでもいいニュースはどれか」ということをまず判断するべきです。そして、その「どうでもいいニュース」以外のニュースを集中して読み込みます。そうすることによって、自然と重要なニュースだけが自分の頭の中に集まってきます。

もちろん、一見関係ないように見えても、あとで自分と関係してくる情報などもあるので、ちょっとでも重要でないと思った情報は、ひとつ残らず切るべきだということではありません。それでも、「どれが重要で、どれが重要でないか」に対する自分なりの判断基準を持っておくべきです。

●「毎日の習慣」が持つ意味

「大きな情報」と「小さな情報」を判別するための判断基準をつくるにあたって、有効な方法があります。

それは、身の回りのすべての情報を「五段階評価」する癖をつけることです。

記事でもニュースでも本から得られる情報でも、一つひとつの細かい情報に触れたとき、その重要度を「A（最大）～E（最小）」の五段階で瞬時に判断することを習慣化します。

この重要度の基準は、自分にとっての主観でかまいません。

情報の重要度というのは自分の置かれている状況や環境によっても変化するものなので、そのときそのときに必要なものを判断すればいいのです。

大切なのは〝瞬時〟に判断するトレーニングを積むことです。

一つひとつの情報の重要度についていちいち一〇秒も二〇秒も判断に時間をかけていたのでは本末転倒です。

重要度の判断は「〇・五～一秒」で行なうべきであり、日ごろからそうしていれば必ずできるようになります。

記事のタイトルやジャンル、全体をざっと見た感じなどで、〇・五秒から一秒のうちに大まかであっても重要度の判断をつけることが大切なのです。

その際、「重要度Ｄ～Ｅ」の小さな情報は積極的に捨てていくようにします。

情報はできるだけたくさん収集しておきたいという気持ちは振り切り、できるだけ厳しく評価をつける姿勢を持つことも大切です。

そのように「情報の大きさ」を常に意識して、必要な情報だけが集まってくる習慣をつけてください。

たったそれだけのことでも多くのことが変わり、多くの時間が得られます。

自分の知的生産力を向上させるためにできることはたくさんあります。そしてそのほとんどは、毎日ちょっとした心がけを持つだけで効果を発揮できるものなのです。

この情報の五段階評価もその例です。

方法とコツさえわかれば、仕事でも勉強でも、それまで以上の成績を残せるようになるのです。

●脳の「クリエイティブな部屋」を拡げよう

最後に、人間の「知的生産力」に直結する、「脳のクリエイティブ力」を上げるために有効な方法をご紹介していきます。

その前にまず、一つ重要なお話をさせてください。

「創造力」や「クリエイティブ力」を高めるうえで、「クリエイティブになる考え方」を学ぶことから始めても、まったく効果は望めません。

いくらすばらしい方法論があっても、持ち時間が一日に一〇分しかなければ、結局何もできずに終わってしまう、ということです。

この話もそれと共通していて、脳のクリエイティブ力を高めるためには、「どうクリエイティブに考えるか」という方法論の話以前に、まず「クリエイティブに使える脳の領域をどう拡げるか」という脳のハードウェアの部分から改善しなければ、効果は乏しいのです。

誰しも「クリエイティブな才能を伸ばしたい」と思うものですが、「どうすればクリエイティブに考えられるだろうか」といくら悩んだところで、まったく何も変わらなかかったという経験をした方も多いのではないでしょうか。

これは、クリエイティブに考えるための「方法論」だけに目を向けてしまい、そもそも「脳のクリエイティブ領域」が十分に拡がっていないために起こること、といえます。

すごく広い部屋には、いろいろな飾りつけができますが、身動きもとれないような狭い部屋だと、そもそも飾りつけをしようと思っても無理ですね。

クリエイティブな脳の使い方をするには、まず脳のクリエイティブ領域を押し拡げ、「広い部屋」にする必要があるのです。

●頭を「オフライン」にすれば、創造性は高まる

「そんなことを言っても、狭い部屋をいきなり広くするなんて無理だ」と思うかもしれません。しかし、ご安心ください。

実際は「狭い部屋」なのではなく、「広い部屋に余計なものがたくさん散らかっているせいで、狭くなっている」だけなのですから。

つまり、本来は大きなクリエイティブ力を発揮できるだけの脳の領域があるのに、い

ろいろな他の部分に脳の領域を使ってしまっているせいで、実質的にクリエイティブに充てられる領域が狭くなっている、ということです。

人間の脳は有限ですから、一度に処理できることに限りがあります。そのため、たとえ無意識下であっても、他のことに気が散っている状態では、目の前のことに使える脳のリソースは減ってしまうのです。これは、どんな人にも当てはまることです。

脳は、常に新しい知識を求めて、情報を入れるスイッチが入ってしまっています。そのスイッチをオフにする、いわば頭を「オフライン」にすることで、創造以外へのエネルギー消費を抑え、新しいものを創り出しやすい状態にできるのです。

●脳のCPUは、「欲望」によって占拠されている

それでは、無意識に余計なことを考えてしまう「脳のスイッチ」は、どのようにして切ったらよいのでしょうか。

そもそも、余計なことと一口にいっても、さまざまなものがあります。遊びのこと、他の仕事のこと、人間関係のこと、恋人のこと、将来のこと、悩みのこと……。

こういった、あらゆる細かいことが積み重なって、少しずつ「脳の活動領域」を圧迫しているのです。これらのことは、無意識でつい考えてしまうという点で、それを考えたいという「欲望」によるものと言い換えることもできます。

脳をパソコンで例えれば、そのＣＰＵ（頭脳部分）がいろいろなタスク（物事）で占領されてしまっている状態です。これでは、脳のクリエイティブな力の「最大値」は大幅に削られてしまい、創造力を発揮できるはずがありません。

脳の「クリエイティブな部屋」を広げるためには、これら無意識に起こる「欲望」のスイッチを片っぱしから切っていくことが求められます。しかし、自分が無意識に持っている「欲望」が何かというのは、意識しても把握できるものではありません。

そのため、今、自分がやろうとしている仕事や勉強以外の、「目の前以外の全範囲」において、広範に欲望をまるごとシャットアウトしてしまうことが必要になります。

狙ってスイッチを切ることはできませんが、全範囲にわたってまるごとスイッチを切ることならばできます。ひとつの良い例が、眠っているときです。

眠っているときには、一部の領域を除いて、脳は全般的に休息に入り、これらの「余計なスイッチ」は働きません。

私は、自分のクリエイティブ力を高めたいと思い、試行錯誤を繰り返した末に、この「眠っている状態」をうまく活用することで、余計なことへの「脳のスイッチ」を意識的に切る方法が最も効果が高いことを発見しました。

一流のクリエイターの多くも、良いアイデアは緊張状態にいる時よりも散歩やお風呂、トイレなど、リラックスする環境から生まれてくると話しています。うまく脳を「休める」ことこそが、クリエイティブな脳の領域を拡げるためのカギだといえそうです。

●「眠り」の力で、脳をクリーンアップ！

それでは、ここからは具体的に、脳の「余計なスイッチ」を切る方法をご紹介したいと思います。ポイントは、先ほどもお話ししたとおり、「眠り」を活用することです。

まず、これから取りかかろうと思っている目の前の仕事や勉強に、意識を集中させましょう。そして次に、「それ以外のすべて」というのを、漠然とイメージしましょう。

すべてというのは、自分の気持ち、周囲の視界、他の仕事のこと、用事、悩みなど、いろいろなことが含まれますが、それらすべてを雑多に合わせたものを、漠然とひとかたまりに思い浮かべましょう。つまり、「今やる作業」と「それ以外のすべてのこと」を、はっきり別物として、分けて考えるのです。

「今やること」は目の前の直線上にあり、「それ以外のすべてのこと」は、その周囲に果てしなく放射状に広がっているイメージを持つとよいでしょう。そして、「それ以外のすべてのこと」に関しては、夜に眠るときを思い出して、意識を落として自分を眠らせましょう。

最初は慣れないと思いますが、「目の前のこと以外に関しては、眠る」ということを意識して、くりかえし練習するのがコツです。

このイメージを持って練習し、「今やっている以外のすべてのことに対して『眠る』」というテクニックをマスターすれば、余計な事に神経を使わずにすみ、脳のクリエイティブな部分の容量は拡大します。

これで、「クリエイティブな脳の部屋を大きくする」準備は完了です。

あなたのアイデアのキャパシティや、創造に割り当てられるエネルギーは、格段に大きくなっていることでしょう。

●創造力とは、「脳の配分」を変えること

よく、創造性を高めるために重要なこととして、「既存のアイデアをうまく組み合わせる力を高めるべき」「過去のアイデアからケーススタディをして、創造性を磨くべき」といったことが言われます。

もちろんそういったことも大事だと思いますが、もし本当にクリエイティブ力を高めたいと思ったら、何よりもまずすべきなのは、そもそもの「脳のクリエイティブ領域」を拡げることだ、というのが私の考えです。

そして、それを実行するための方法が、ここで紹介した「『眠り』」を使って、脳の余計なスイッチを切る」ことです。

脳が使っている余計なスイッチを切れば切るほど、目の前のことに振り向けられるエネルギーは大きくなります。いわば、脳の「おそうじ」をして、狭い部屋を広くする手法です。そうやって、クリエイティブな部分に、脳の配分を多く振り分けているのです。

私はこの手法を開発して以来、仕事のときにいつも実践しています。

そして、この方法のおかげで、アイデア出しの持続時間や、ブレインストーミングでひねり出せるアイデアの量は飛躍的に増えました。

いわば、「クリエイティブ体力」ともいえる部分が、大きく上昇したのです。

それが結果的に、ゴースト暗算の開発や、記憶術、パズルなど、多くのコンテンツの開発へと結びついたといえます。

クリエイティビティ（創造性）に関しては、方法論よりも先に、まずハードウェアの改善、すなわち「脳のクリエイティブな部屋を広くする」ことからぜひ始めてください。

それこそが、本当の意味での「創造力」を高めることにつながるのですから。

岩波邦明（いわなみ・くにあき）
1987年横浜市生まれ。東京大学医学部卒。大学在学中に「岩波メソッド ゴースト暗算」を開発。書籍化された同シリーズが累計65万部を突破し、若き教育家として一躍注目を浴びる。ルイ・イーグル株式会社を設立、執筆・講演・講義活動、TV出演、教育コンテンツやゲーム開発など、多方面で活躍している。著書に、『岩波メソッド ゴースト暗算　6時間でできる！ 2ケタ×2ケタの暗算』（小学館クリエイティブ）などがある。

東大《とうだい》医学部生《いがくぶせい》だけが知《し》る　超《ちょう》・知的生産法《ちてきせいさんほう》

岩波邦明《いわなみくにあき》

2015年 3月10日　初版発行

発行者　堀内大示
発行所　株式会社KADOKAWA
東京都千代田区富士見2-13-3　〒102-8177
電話　03-3238-8521（営業）
http://www.kadokawa.co.jp/

編　集　角川書店
東京都千代田区富士見1-8-19　〒102-8078
電話　03-3238-8555（編集部）

装 丁 者　緒方修一（ラーフイン・ワークショップ）
ロゴデザイン　good design company
印 刷 所　暁印刷
製 本 所　BBC

角川新書

ISBN978-4-04-102189-7 C0295